Dalmatinische Küste

Daniela Schetar
Friedrich Köthe

DUMONT direkt

Inhalt

Dobrodošli!

Zu Gast in Dalmatien

Orte von A bis Z

Hafenpromenade von Hvar

Extra-Touren

12 Highlights

Inhalt

Stadtpläne

20 Reisetipps Dalmatien

Kroatien im Internet

Surftipps

Die meisten kroatischen Seiten sind mehrsprachig, auf Kroatisch, Italienisch und Deutsch verfasst. Die deutsche Übersetzung ist allerdings manchmal sehr fehlerhaft und unfreiwillig komisch. Die im Kroatischen sehr häufigen diakritischen Zeichen č, ć, š oder ž müssen beim Suchbegriff nicht mit eingegeben werden; man schreibt Ortsnamen einfach mit c, s oder z. Fast jede Region oder Stadt präsentiert ihr Angebot im Internet, allerdings mit stark wechselnder Qualität. Einen ersten, ausführlichen Überblick sowie Hinweise auf weiterführende Links bietet die offizielle Seite der Zagreber Zentrale für Tourismus, www.croatia.hr.

Landeskennung: .hr

Web-Seiten auf Deutsch

www.croatia.hr Offizielle Info-Seiten der Fremdenverkehrszentrale; ausführlicher Ortsindex mit allgemeinen, historischen und kulturellen Infos, Angaben zu Hotels und Ferienwohnungen (mit Links), Hinweise auf besondere Events, Sportmöglichkeiten etc. Eine optimal gepflegte und sehr informative Seite.

www.kroatien.de Ausführliche Hintergrundinformationen zu Kroatien, Kultur, Sehenswürdigkeiten, Feste. Infos und Links zu Anbietern von Hotelzimmern, Ferienwohnungen, Campingplätzen.

www.kroatien-links.de Eine übersichtliche und ausführliche Sammlung nützlicher Links zu reisepraktischen, kulturellen und historischen Themen.

www.adriatica.net Ferienwohnungen, Häuser, Leuchttürme und Privatzimmer mit schneller und effektiver Suche und Buchungsmöglichkeit.

www.kroatien-aktiv.de Kroatien für Motorradfans.

www.aci-club.hr Website des kroatischen ACI-Clubs, mit ausführlicher Beschreibung der Marinas.

www.skippertipps.de Kroatien für Freizeitkapitäne.

www.faszination-kroatien.de Länderinfos, Links, Erfahrungsaustausch unter Kroatien-Fans.

www.vecernji-list.hr/PATROLA 2002DE/Pages/O_PATROLI.html Die Tageszeitung Večernji List bespricht und prämiert jedes Jahr Hotels, Restaurants, Campingplätze und Marinas. Die gesammelten Rezensionen und Empfehlungen können unter den jeweiligen Orten abgerufen werden.

www.riva-tours.de Der auf Kroatien spezialisierte Reiseveranstalter hat ein großes Angebot an Unterkünften (auch Leuchttürme) und organisiert Rundreisen per Schiff.

Web-Seiten auf Englisch

www.jadrolinija.hr Fahrpläne und Preise der internationalen wie nationalen kroatischen Fährschiffe.

www.mdc.hr/www-MDC-eng/ 4-1siteovi.html Viele kroatische Museen mit Themenschwerpunkten, Exponaten, Öffnungszeiten etc.

http://imenik.ht.hr Elektronische Auskunft der kroatischen Telekom.

www.pegla.com/default_eng.asp listet alle Party- und Techno-Events in Kroatien auf.

Achtung

Immer wieder kommt es vor, dass sich beim Aufrufen kroatischer Seiten Anbieter mit vielseitigem US-amerikanischen Programm (vom Haushaltswarenkatalog bis zum Porno) einklinken. Der Spuk ist aber meist nach wenigen Stunden behoben.

Dobro

In Azur, Türkis und Smaragd liegen die Inseln Dalmatiens als weiß-grüne Kleckse, die Adria ist hier so klar und rein wie nirgends sonst an ihren Gestaden. Steil ragen die Gipfel der Gebirge in den blauen Himmel und begleiten die zerklüftete Küste von Nord nach Süd in majestätischer Ruhe und manchmal auch wilder Wut, wenn die Winde herunterfallen und das Meer peitschen. Einsame, zypressen-

došli!

bestandene Ufer wechseln mit venezianischen Städtchen und trubeligen Badeorten in kleinen und großen Buchten; Weinreben und Olivenbäume überziehen fruchtbare Täler und Hügel – vielleicht 450 km Luftlinie liegen zwischen Rijeka im Norden und Dubrovnik im Süden, 5800 km aber misst die Küstenlänge des Festlandes und der Inseln. Platz genug für den Urlaub.

Willkommen

Küste, tausend Inseln, historische Städtchen: der Charme Dalmatiens

»Land der tausend Inseln«

Dalmatien schließt südlich an die Region Kvarner Bucht an und umfasst das kroatische Staatsgebiet zwischen der Inselwelt und der Grenze zu Bosnien-Herzegowina; es wird zum Süden hin zu einem immer schmaleren Band, um schließlich hinter Dubrovnik am Nachbarland Serbien und Montenegro zu enden.

Wild zerklüftet ist die Küste, tiefe Fjorde sind entstanden, Lagunen, breite und schmale Buchten und einmalige Inselarchipele, deren Berge denen des Festlandes in nichts nachstehen. Letztendlich sind sie ja auch nichts anderes als überschwemmte Küste – nach der letzten Eiszeit wurden die Ufer vom Meer überspült, die Berggipfel in Inseln verwandelt, die Täler in Wasserkanäle. Einige, wie der Archipel der Kornaten, sind winzige Felstupfer oder längliche, schmale Felsrücken; andere wie die großen Inseln Hvar oder Brač sind üppig mit Wein, Getreide und Obst bewachsen und in ein aromatisch duftendes Macchia-Kleid gehüllt.

Berge, Flüsse und Winde

Wie eine Barriere zeichnen die Gebirgszüge Dalmatiens die Küstenlinie nach, wobei das Velebit-Gebirge zwischen Senj und Zadar und das Biokovo bei Makarska die beiden höchsten Massive darstellen. Immer wieder durchbrochen wird die Barriere jedoch von Flusstälern, die Dutzende Kilometer breit sind wie das der Neretva, ein Delta mit ungezählten Nebenarmen, schmal und reißend das Wasser, wie im Nationalpark Paklenica, oder mal ruhig, mal schnell fließend, mal breit, mal eng wie die Cetina.

Dalmatien ist sonnensicher, ein Grund dafür sind die Winde. Ihre Launen werden von Fischern wie Bauern (und heute von Touristen) genau beobachtet. Die ungestüme, trockene *Bura* (Bora) von Norden bringt klare, weite Sicht und ein bewegtes Meer, wenn sie mit Macht und Wucht die Gebirge verlässt; der *Jugo* von Süden dagegen treibt tropisch-feuchte Luftmassen vor sich her, die er, als Scirocco in den Wüsten Afrikas beginnend, über dem Meer aufnimmt. Welche zerstörerische Kraft die Bura besitzt, zeigen die dem Festland zugewandten, kahlen Felsrücken der dort liegenden Inseln. Kein Grashalm, kein Busch vermag dem Toben zu widerstehen. Wie versteinerte Walfischbuckel ragt das jeglicher Vegetation beraubte Gestein aus dem Meer. Hinter der Barriere jedoch tragen die Inseln ein üppiges Pflanzenkleid.

Der *Maestral* weht aus Nordwesten, und auch er bringt schönes Wetter. Meist beginnt er um die Mittagszeit,

Fischer in Stari Grad auf der Insel Hvar

bläst bis in die Abendstunden und schenkt den Stränden milde Abkühlung. Die vorherrschenden Winde haben auch noch einen Nebeneffekt: Sie halten die Küste und das Wasser der Inselwelt sauber, Verunreinigungen in der Adria werden unweigerlich Richtung Italien getrieben.

Zankapfel Dalmatien

Die Fruchtbarkeit und Schönheit der Region machte sie stets zum Zankapfel der an der Adria herrschenden Mächte. Liburner und Illyrer teilten sich das Land zuerst, dann traten die Römer auf, nach ihnen Byzantiner. Ungarisch-kroatische Fürsten und Könige folgten, Venezianer und Türken stritten sich um die Filetstücke, Napoleon marschierte ein, Österreich-Ungarn erschien auf der Bildfläche, die Italiener wollten ihren Teil, Deutsche besetzten das Land, und nach einer relativ harmonischen, Tito-jugoslawischen Ära kamen schließlich die Serben an die Macht – bis das Land 1991 seine Unabhängigkeit erlangte. Kriege begleiteten stets das Hin und Her auf dalmatinischem Boden.

Fruchtbar war das Land, mit Eichen bestanden, auf den Böden wuchsen Weinreben und Olivenbäume, man trieb Handel, und der Reichtum lockte die Fremden. Ohne Dalmatien galt das Hinterland nichts, da der Handel vornehmlich zu Wasser verlief. Auch die Türken konnten eine unabhängige Küste bei ihrer Expansion nach Norden nicht zulassen. Nur wenigen Städten blieb so die Eigenständigkeit – unter ihnen Dubrovnik, das über lange Zeit als Republik Ragusa sowohl Venedig wie dem Osmanischen Reich Paroli bot. Doch teuer musste man sich die Freiheit erkaufen, wagemutig zwischen den Mächten lavieren und überall reiche Geschenke hinterlassen.

Venedig hinterließ mannigfaltige Spuren in Dalmatien: Mit eleganter Kunst und Architektur schmückte die Serenissima die Küste, doch zugleich beraubte sie das Land seiner Wälder: Die Venezianer holzten gnadenlos die Flanken der Berge ab, um ihre Flotte zu bauen und Venedig zu vergrößern. Zurück blieb der Karst, bewachsen mit Macchia und niedrigen Bäumen oder nackt und weiß glänzend in der Sonne. Wie reich bewaldet Dalmatien gewesen sein muss, sieht man heute noch in den engen Schluchten der Flüsse aus dem Landesinneren und auf einigen Inseln, wo es zu mühselig war, die Bäume zu fällen. Doch hat der Karst auch seinen ganz eigenen Reiz. Grüne Inseln aus Gras und Kräutern, lila Flecken aus Lavendelbüschen, silbrige Salbeisträucher, gelber Ginster, violett blühender Thymian und Rosmarin tauchen die baumlosen Landschaften in unvergleichliche Farben, und über allem liegt ein intensiver Duft nach Sommer.

Malerei und Baukunst

Seit Anbeginn galt Dalmatien als Kleinod. Schon der römische Kaiser Diokletian wählte seinen Altersruhesitz beim heutigen Split, und die Venezianer verpflichteten die besten Baumeister Europas nach Dalmatien. Deren Werke sind heute in fast komplett erhaltenen mittelalterlichen Städten zu besichtigen – nicht als Museen, sondern als bevölkerte, im modernen Leben stehende Siedlungen: Ein Campanile, eine Loggia, ein spätgotisches Rathaus in venezianischer Architektur umrahmen die Hafenbecken, und in den schmalen Gassen der Altstädte scheint die Zeit seit Jahrhunderten stehen geblieben. Einzigartige Kunstwerke der Gotik und Renaissance warten in den stillen Gemäuern darauf, von Besuchern bewundert zu werden: Bildhauer wie Alessi, Maler wie Giotto und Tintoretto haben Kathedralen und Paläste verschönert, Architekten wie Juraj Dalmatinac ganze Städte geplant und Befestigungsanlagen errichtet. Bis heute haben diese Meisterwerke der Baukunst fast unbeschädigt Attacken und Kriege überdauert; gleich mehrere Städte Dalmatiens sind deshalb von der Unesco als Weltkulturerbe eingestuft.

Kroatische Identität

Viele Menschen aus den verschiedensten Völkern und Kulturen haben also in Kroatien gewirkt, Architektur, Traditionen, Küche und Sprache geprägt, doch die slawischen Ursprünge haben all diese Einflüsse überdauert. Ein bisschen ist dies vielleicht auch zwei frühen christlichen Missionaren zu danken: Kyrill und Method, die Slawenapostel, schufen die erste Niederschrift des Kroatischen, die *glagolica,* aus der sich die kyrillische Schrift entwickelte. Die Glagolica gilt den Kroaten inzwischen als Symbol für die kulturelle Eigenständigkeit ihrer Nation, die sie seit der Unabhängigkeit 1991 und dem Ende des Krieges nun endlich auch genießen können.

Der direkte Kontakt zum Meer trug ebenfalls dazu bei, dass die Dalmatiner eine lange Erfahrung darin besitzen, mit Menschen aus aller Herren Länder umzugehen. So ist es nicht verwunderlich, dass Marco Polo angeblich einer der ihren war – auf Korčula geboren, reiste er von dort nach Venedig und weiter ins ferne China. Die Venezianer reklamieren den Dalmatiner also unberechtigterweise für sich – zumindest aus Sicht der Kroaten.

Folklore oder Tradition

Die große Leidenschaft der Dalmatiner gilt der Musik und ganz besonders dem Gesang. Klapa heißen die Chöre, die jedes Fest mit sehnsuchtsvollen A-capella-Liedern begleiten. Auch ganz spontan wird überall gesummt und gesungen, solo oder mit Freunden. Der kleinste Anlass genügt. Eine schöne Frau gesichtet – schon breitet Mann die Arme aus und singt – die Stimme bebt voll süßem Schmelz. Freunde getroffen – es dauert nur ein Begrüßungsschnäpschen, und man intoniert gemeinsam und mit klarem, vollem Ton. Die vielen Folklore- und Tanzgruppen in Dalmatien sind kein Produkt der Tourismusindustrie, sondern speisen sich aus dem Bedürfnis auch der jungen Leute, die Traditionen zu bewahren.

Dalmatien heute

Wer nach Dalmatien fährt, wird – sofern er an der Küste bleibt – keinen

Zeugnissen des Krieges mit Rest-Jugoslawien begegnen. Die Zerstörungen in Städten wie Dubrovnik sind inzwischen repariert, doch das Trauma der Menschen bleibt. Nur wenn man das Meer verlässt und z. B. Richtung Knin in die Krajina fährt, kann man ermessen, was vor einem Jahrzehnt geschah – auseinander gebrochene Häuser, rußgeschwärzte Dachstühle, brachliegende Felder rund um verlassene Dörfer sind Zeugen der Kämpfe um die kroatische Selbstbestimmung.

Von der friedlichen Küste sind die Schatten dieser Jahre aber weit entfernt. Menschen aus der ganzen Welt treffen sich wieder in Dalmatien und bewundern das großartige kulturelle Erbe, die teils lieblichen, teils gewaltigen Küsten, das wunderschöne, tiefblaue Meer und die weit über 1000 Inseln und Riffe, an deren Rändern man hinunter in den Kosmos marinen Unterwasserlebens blicken kann. Sie wohnen in sorgfältig renovierten Hotels und modernen Campinganlagen, nutzen das breite Sport- und Freizeitangebot und lassen sich in exzellenten Restaurants mit den Gaben des Meeres verwöhnen. Vor allem aber genießen sie die Herzlichkeit der Dalmatiner, deren Gastfreundschaft keine Grenzen kennt.

Dalmatien in Stichworten

Lage: Dalmatien ist der Adria-Küstenstreifen zwischen der Stadt Senj an der Kvarner Bucht im Norden und dem Konavle-Tal südlich von Dubrovnik, wo er nur noch wenige Kilometer schmal ist. Zum Landesinneren hin grenzt Dalmatien an Bosnien-Herzegowina, ganz im Süden auf einem kleinen Teilstück an Montenegro. Von den knapp 5 Mio. Kroaten leben etwa 900 000 in Dalmatien.

Das Reisegebiet: Das Küstenland ist fruchtbar und wird landwirtschaftlich intensiv genutzt. Neben Wein, Obst und Gemüse werden in den letzten Jahren verstärkt auch wieder Olivenbäume angepflanzt. Hohe Gebirge wie das Velebit schirmen die Küstenregion zum Landesinneren hin ab. Die Inseln sind landschaftlich sehr unterschiedlich: Einige wie Korčula und Hvar sind üppig bewachsen und grün; andere wie z. B. die Kornaten bestehen nur aus Macchia und Fels. Haupterwerbszweige sind Fischerei, Landwirtschaft und Tourismus. In Dalmatien wird Kroatisch gesprochen; viele Menschen beherrschen auch Italienisch und Deutsch.

Inseln: Genau 1185 Inseln gehören zu Kroatien, nur 66 davon sind bewohnt. Insgesamt ergänzen sie die 1778 km lange kroatische Küstenlinie um weitere 4012 km. Ein Großteil der kroatischen Inseln ist der dalmatinischen Küste vorgelagert. Weiter nördlich, in der Kvarner Bucht und vor der Halbinsel Istrien, liegen nur wenige Eilande. Höchster dalmatinischer Berg ist der 778 m hohe Vidova Gora auf Brač.

Städte: Die meisten dalmatinischen Städte haben eine lange Geschichte; einige wie Stari Grad auf Hvar wurden im 4. Jh. v. Chr. von griechischen Kauffahrern gegründet, andere wie Split besitzen römische Wurzeln aus dem 2. Jh. v. Chr.

Geschichte

Die Landestracht wird auf den Festen noch mit Stolz getragen

Vorgeschichte bis zu den Römern

In Dalmatien wandern um 1200 v. Chr. die seefahrenden Liburner, ein illyrisches Volk, ein. Gegen 700 v. Chr. sind erste Siedlungen an der Küste gegründet, es bestehen Handelsbeziehungen mit Italien und Griechenland. 181 v. Chr. erobern die Römer Istrien, die Provinz Illyricum entsteht. Bei der Teilung des Römischen Reiches wird Illyricum dem oströmischen (byzantinischen) Reich zugeschlagen.

ab 500

Südslawische Völker dringen auf die Balkanhalbinsel vor, Dalmatien gerät unter die Herrschaft kroatischer Fürsten. Im 9. Jh. Entwicklung der glagolitischen Schrift. Die Glagolica wird zum symbolischen Ausdruck der nationalen Identität der Kroaten, die ihre Messen in altkroatischer Sprache abhalten.

Zwischen Venedig und Osmanen

Um 1000 erobert die Seerepublik Venedig Küstenstützpunkte in Dalmatien bis hinunter nach Dubrovnik. 1058 fällt Dalmatien unter die Herrschaft des ungarisch-kroatischen Königshauses, dessen Thronfolge 1307 an die Anjou von Neapel übergeht. Nachdem die türkischen Osmanen 1389 auf dem Amselfeld das serbische Reich vernichtet und in der Folge auch Bosnien und die Herzegowina erobert haben, verkaufen die Anjou 1409 die dalmatinischen Küstenstädte an Venedig.

1683–1718

Das Osmanische Reich wird endgültig zurückgedrängt, Kroatien gerät unter die Habsburger.

1797

Napoleon beendet die Ära der Republiken Venedig und Dubrovnik. Dalmatien wird Teil des napoleonischen Vasallenstaats der Illyrischen Provinzen, kommt aber nach dem Wiener Kongress 1815 wieder zum Habsburgischen Reich.

1918

Nach Ende des Ersten Weltkriegs schließen sich Slowenen, Kroaten und Serben zum Königreich Jugoslawien zusammen. Mit dem Vertrag von Rapallo gehen u. a. Istrien und Zadar an Italien.

1939–47 Im Zweiten Weltkrieg wird Kroatien als eigenständiger Staat unter der faschistischen Ustascha-Bewegung ausgerufen. Partisanen unter Josip Broz Tito bekämpfen die deutschen und italienischen Besatzer. Nach der deutschen Kapitulation schließt sich Kroatien der Sozialistischen Föderativen Republik Jugoslawien an. Tito wird Präsident. 1947 fallen auch Zadar und Istrien an Jugoslawien zurück.

1980 Nach Titos Tod bröckelt die staatliche Einheit Jugoslawiens. Eine schwere Wirtschaftskrise verstärkt die Autonomiebestrebungen der einzelnen Republiken.

1991–95 Unabhängigkeitserklärung der Republiken Slowenien und Kroatien; in Kroatien, vor allem im Osten, kommt es zu heftigen Kämpfen. Flüchtlinge ziehen in die Touristenhotels. Neben anderen Städten werden Split, Zadar und am schlimmsten Dubrovnik beschossen. 1995 beendet der Frieden von Dayton den Krieg.

1997 Tuđman und die HDZ (Kroatische Demokratische Gemeinschaft) werden mit 61 % der Wählerstimmern in der Regierung bestätigt. Doch ab 1998 erhält die Opposition gegen Tuđmans diktatorischen Führungsstil, gegen Korruption und Vetternwirtschaft immer mehr Zulauf. Auch international mehren sich die Proteste gegen Tuđman und dessen ›großkroatische‹ Ambitionen.

2000 Bei den Präsidentschaftswahlen nach Tuđmans Tod (Dezember 1999) gewinnt Stipe Mesić.

2001 Kroatien ratifiziert ein Assoziierungsabkommen mit der EU. Nach der Überstellung von Milošević an das Kriegsverbrechertribunal in Den Haag liefert auch Kroatien verdächtige Militärs aus.

2002 Das Parteienbündnis unter Mesić gerät mehrmals ins Wanken; Regierungschef Ivica Račan tritt sogar zurück, um die Querelen zu beenden, nimmt seinen Posten aber nach der Neustrukturierung der Regierung wieder ein.

2003 Trotz positiver wirtschaftlicher Entwicklung bleibt die hohe Arbeitslosigkeit bestehen. Mit dem Nachbarland Slowenien kommt es zu Konflikten wegen eines strittigen Grenzverlaufs. Im Juni besucht Papst Johannes Paul II. Kroatien und wird emphatisch gefeiert.

Gut zu wissen

Häufig werden Produkte aus eigenem Anbau verkauft

Adria-Magistrale

Wer Dalmatien mit dem eigenen Auto oder Motorrad bereist, sollte sich auf der kurvigen Hauptstraße entlang der Adria mit guten Nerven wappnen. Der Verkehr ist sehr dicht und gnadenloses, außerst gefährliches Überholen gang und gäbe.

Blaue Fahne

Das europäische Gütesiegel für Strand- und Wasserqualität wird jedes Jahr neu vergeben, und stets ist Kroatien unter den Ländern mit den meisten Fähnchen. 2002 bekamen 33 Strände die begehrte Auszeichnung, 2003 hatte sich die Zahl verdoppelt: 61 Strände und 16 Marinas wurden ausgewählt. Die Wasserqualität ist auch an allen anderen Stränden exzellent.

Bog

Eigentlich heißt *bog* ›Gott‹, in Kroatien aber zugleich ›Hallo‹, ›Tschüss‹. Als saloppe Begrüßung hat es dem italienischen Ciao den Rang abgelaufen.

Bootsurlaub

Dalmatiens Küste ist ein Dorado für Freizeitkapitäne jeglicher Couleur; allerdings sind die Bedingungen für Bootsfahrer nicht ohne: Die kroatische Adria gilt als anspruchsvolles Revier. Schuld daran ist die *Bura*, ein stürmischer Wind, der auch größeren Schiffen zum Verhängnis werden kann. Oberste Regel ist deshalb, den Wetterbericht für Segler unbedingt sorgfältig zu studieren und bei Bura-Warnung Land anzusteuern.

Bura

Auf die Bura (oder Bora), einen vom Land her aufs Meer blasenden Wind, schieben die Kroaten so einiges: Die Bura ist schuld an der Migräne, am schlechten Fischfang und am hohen Seegang. Unangenehm ist dieser Nordostwind fast immer; er peitscht heftig auf das Meer und kühlt die Luft empfindlich ab. Im Winter und Frühjahr ducken sich die Menschen vor ihrem eisigen Hauch – Fotografen aber jubeln, denn die Bura putzt den Himmel blitzblank und hinterlässt klare, kühle Luft, die Fotomotive bestens in Szene setzt.

Delfine

Wer per Schiff oder Fähre durch Kroatien reist, wird mit Sicherheit den übermütig durchs Wasser tollenden Säugern begegnen. Da sie von den Fischern als Nahrungskonkurrenten angesehen wurden, waren sie im Meer vor Dalmatien lange vom Aussterben bedroht. Nun hat sich das Blatt gewendet, mit wachsendem Umweltbewusstsein steigt die Zahl der Delfine.

Deutsch
Viele Menschen sprechen auch Deutsch (die Jugend eher Englisch), sei es, weil sie in Deutschland gelebt und gearbeitet haben, sei es durch den Kontakt zu Touristen. Die Verständigung ist selten ein Problem.

Euro
Kroatiens Landeswährung ist die Kuna, gerechnet (und oft auch bezahlt) wird aber häufig in Euro, ausgesprochen E-Uro. Wenn Sie vergessen haben, Geld zu wechseln, werden Sie daher kaum Schwierigkeiten haben, mit Euro zu bezahlen.

Feuer
Waldbrände sind eine der Geißeln des Mittelmeers, auch für Kroatien. Im heißen Sommer 2003 wurde z. B. Hvar ein Opfer der Flammen. Erst seit kurzem besitzt das Land einige ›Kanadier‹ – Feuerlöschflugzeuge, die entlang der Küste stationiert sind, knapp über dem Wasser entlangrasend tanken und sich dem Feuer entgegenschwingen können. Trotzdem sollte man sich in der Natur, vor allem auf den trockenen Inseln, vorsehen und kein offenes Feuer machen. Zigaretten und weggeworfene Glasflaschen (Brennspiegeleffekt) sind die häufigsten Brandursachen!

Fjaka
Dies ist die Zeit nach einem gehaltvollen Mittagsmahl, wenn die Sonne ihre höchste Kraft erreicht: *fjaka* bedeutet so viel wie Siesta und wird von den Kroaten ähnlich leidenschaftlich eingehalten wie von allen anderen Bewohnern des Mittelmeerraums. Dann arbeitet freiwillig niemand oder tritt überhaupt auf die Straße, viele Geschäfte haben geschlossen.

Genscher
Keinem anderen Politiker sind die Kroaten so tief verbunden wie dem ehemaligen deutschen Außenminister Hans-Dietrich Genscher. Mit der Anerkennung Kroatiens als souveränem Staat hat die Bundesrepublik Kroatiens Loslösung von Jugoslawien unterstützt. Dafür dankte man mit Denkmälern und nach Genscher (und Kohl) benannten Straßen.

Heilige
Nach den Jahren unter dem Kommunismus leben die Kroaten ihre Volksfrömmigkeit mit Inbrunst aus. Wer eine Kirche besichtigt, einer Prozession begegnet oder an einem Heiligenfest teilnimmt, sollte Rücksicht auf die Gefühle der Gläubigen nehmen.

Hrvatska
Kroatien heißt im Land selbst *Hrvatska,* die Kroaten nennen sich *Hrvati* und sprechen *hrvatsko.*

Jugoslawien
Jahrzehntelang war Jugoslawien eben einfach Jugoslawien – heute sind daraus je nach Definition fünf bis sechs unabhängige Nationen entstanden, die Wert auf ihre Individualität legen. Vermeiden Sie es also, Ihre Gastgeber als Jugoslawen anzusprechen! Sie sind Kroaten, und darauf legen sie großen Wert.

Karst
Der Begriff leitet sich von *kraš* ab und bezeichnet die an der Küste vorherrschenden Kalksteinformationen: Wasser unterspült und höhlt den Stein aus und bildet Höhlen. Wenn diese einstürzen, entstehen *polje,* Senken, in denen sich fruchtbare Erde ansammelt und in denen die Bauern ihre Felder anlegen.

Spartipps

Generell reist man in der Nebensaison und außerhalb der Ferientermine deutlich preiswerter. Nicht nur die Unterkunftspreise, auch die für Essen und Getränke sind dann niedriger. Günstig einkaufen kann man in den großen Supermärkten; dort gibt's oft auch hochwertigen Wein und Olivenöl aus heimischer Produktion preiswerter als auf den Märkten oder an Straßenständen. Wer viel telefoniert, kann Kosten sparen, indem er sich eine kroatische Karte fürs Handy besorgt. Mit dem Studenten- oder Schülerausweis bekommt man in vielen Museen verbilligte Eintrittskarten.

Klapa

So nennt sich eine dalmatinische A-capella-Gesangsgruppe und die Liedform, die diese Chöre darbieten. Meist sind es Männer, die ihre Stimme zu sentimentalen Liebesliedern erheben; aber es gibt auch berühmte Frauen-Klapas.

Klima & Reisezeit

Sommerliche Temperaturen herrschen von Mai bis Oktober; im Juli und August wird es aber richtig heiß, Besichtigungen oder Wanderungen können dann anstrengend sein. Die kroatische Adria lockt bereits Ende Mai mit Wassertemperaturen um 20 °C, im Hochsommer erreicht sie nicht selten Werte um 25 °C. Frühjahr und Herbst können regnerisch sein, mit Werten um 20 °C sind sie aber ideal für Wanderer und Radfahrer.

Kriegsfolgen

Das letzte Jahrzehnt des 20. Jh. hat in Kroatien mit dem Krieg um die Unabhängigkeit gegen Restjugoslawien tiefe Wunden gerissen, die nur äußerlich verheilt sind. Viele Menschen leiden noch unter den psychischen Folgen; abseits der Touristenzentren sieht man auf dem Festland – die Inseln waren nicht betroffen – zerbombte Dörfer, und besonders südlich von Dubrovnik, im Konavle-Tal, wird eindringlich vor Landminen gewarnt. Hier sollte man keine Wanderungen abseits der Hauptwege unternehmen.

Mücken

In der Abenddämmerung ist die Stunde der Stechmücken, die je nach Region mal mehr, mal weniger penetrant auftreten. Einreiben mit einem Schutzmittel oder das Tragen langer Hosen und langärmeliger Blusen wehrt die Blutsauger ab.

Nacktbaden

Die alte FKK-Tradition wird aufrechterhalten, allerdings muss alles seine Ordnung haben, so auch das hüllenlose Vergnügen. Es gibt zahllose FKK-Anlagen; an den ›normalen‹ Stränden wird ›oben ohne‹ toleriert. Infos gibt's in speziellen FKK-Führern.

Nebensaison

Dalmatien ist zu jeder Jahreszeit schön, im Juli und August aber ziemlich stark besucht. Wer außerhalb der Ferienzeit reisen kann, sollte dies unbedingt tun, denn im Frühsommer, Mai/Juni, erwartet ihn ein glasklares, aber dennoch bereits wohl temperiertes Meer, leere Strände, noch nicht überlaufene Sehenswürdigkeiten und gut gelaunte, weil noch nicht erschöpfte Gastronomen und Hoteliers. Auch der Herbst empfiehlt sich bis tief in den Oktober hinein mit Badetemperaturen – und der größte Vorteil: Die Preise für Hotels und

Pensionen liegen bis zu 30 % unter dem Niveau der Hochsaison.

Olivenöl und Wein

Die schönsten Souvenirs aus Kroatien sind Naturprodukte wie Olivenöl, Schnaps, Wein oder Oliven: Kaufen kann man sie direkt beim Erzeuger; fast jeder Kroate kennt jemanden, der das eine oder andere selbst herstellt und verkauft. Die Preise sind durchweg günstig, und Handeln lohnt sich allemal!

Preisniveau

Die Preise für Lebensmittel liegen etwas unter dem mitteleuropäischen Niveau; Essen gehen oder ein Espresso im Café kommt ebenfalls günstiger. Deutlich preiswerter als im benachbarten Italien sind Gebühren für Sportaktivitäten, Liegestühle, Sonnenschirme etc. am Strand. Teurer sind jedoch Filme und Batterien. Hier einige Preisbeispiele: Ein Cappuccino im Strandcafé kostet um 70 Cent, eine Pizza im Strandrestaurant um 4 € (abseits der Touristenzonen ist es noch preiswerter); wer Fisch bestellt, muss dagegen überall sehr tief in die Tasche greifen. Eine Stunde Surfbrettmiete beträgt etwa 60 Kn, für ein Fahrrad 20 Kn. Für einen Liegestuhl muss man mit 4–5 €/Tag rechnen.

Schlangen

Vor allem auf den Inseln kann man bei Spaziergängen Schlangen begegnen. Die meisten sind ungiftig und nehmen Reißaus, wenn man heftig auftritt. Bei längeren Wanderungen sollte man allerdings feste Schuhe anziehen.

Schnaps

Mit einem Gläschen hausgebranntem Schnaps begießen die Dalmatiner gerne neue Freundschaften, erfolgreiche Geschäfte, einen guten Witz oder einfach ein nettes Beisammensein; wer nicht ganz so trinkfest ist, nippt der Höflichkeit halber und lässt den Rest stehen.

Seeigel

Sandstrände sind rar, und vielerorts ist der Weg ins Meer etwas beschwerlich. Die Küste ist häufig felsig, und auch, wenn man über Kies oder Sand ins Wasser geht, muss man Acht geben, denn zwischen Steinen, unter Felskanten und gelegentlich sogar im feinen Kies verstecken sich Seeigel, deren Nadeln in der Haut brechen und schlimmstenfalls operativ entfernt werden müssen. Kroatien tut viel, um das Baden bequemer zu machen: mit Leitern von betonierten Plattformen, mit aufgeschüttetem Kies, mit Stegen, die direkt ins tiefe Wasser führen. Der beste und sicherste Schutz sind trotz allem Badeschuhe.

Tourismusbüros

›Turist Biro‹, ›Turist agencija‹, ›Turistička zajednica‹ – die Anbieter touristischer Dienstleistungen stehen im harten Verdrängungswettbewerb zueinander. Die offizielle kroatische Tourismus-Informationsstelle heißt *Turistička zajednica* (manchmal TZG abgekürzt). Hier gibt's Beratung und Info-Material, meist auch Zimmervermittlung. Alle anderen Büros und Agenturen sind private Reisebüros, die Ausflüge, Unterkunft etc. vermitteln, manchmal auch Geld wechseln. Man bekommt dort zwar auch Prospektmaterial, aber selten eine nicht eigennützige Auskunft.

Zeit

Es gilt die MEZ mit einer Sommerzeitregelung wie in der EU; man muss die Uhren also nicht umstellen.

Feste & Unterhaltung

Martialisch: Schwerttanz von Korčula

Feiertage

6. Jan.: *Sveta tri Kralja* (Hl. Drei Könige)
Ostern: *Uskrs* (Mo ist Feiertag)
1. Mai: *Praznik rada* (Tag der Arbeit)
30. Mai: *Dan državnosti* (Nationalfeiertag)
22. Juni: *Dan antifašisticke borbe* (Tag des antifaschistischen Kampfes)
5. August: *Dan zahvalnosti* (Danksagungstag)
15. August: *Vela gospa* (Mariä Himmelfahrt)
1. Nov.: *Svi sveti* (Allerheiligen)
25./26. Dez.: *Božić* (Weihnachten)

Volksfeste

Die hohen Feiertage des katholischen Kirchenjahres werden in vielen Orten mit Prozessionen begangen. Echte Volksfeste sind die Gedenktage der Kirchenheiligen; dann vermischt sich die tiefe Religiosität der Kroaten mit ihrer großen Lust an Musik, Tanz, gutem Essen und Wein. Kroatiens Tourismusverbände haben einige traditionelle Feste zu reizvollen Veranstaltungen aufgebaut, bei denen lokale Musik und Tänze aufgeführt werden. Daneben werden immer mehr ›Festivals‹ organisiert: Ob Klassik oder Popmusik – im Sommer ist stets irgendwo etwas los.

März/April

Velik petak, Nacht des Karfreitag, Hvar, Šolta, Korčula, Brač: Die Handwerksgilden ziehen teils in faschingsähnliche Kostüme gehüllt durch die Inselstädtchen.

Kumpanjija, 28. April, Blato, Korčula: Vorführung des Schwerttanzes am Tag des Stadtheiligen Sv. Vincenc.

Juli/August

Gospa od porta, 27. Juli, Primošten: Prozessionen und Gebete zu Ehren der Patronin der Fischer.

Sv. Petar i Pavel, 29. Juli, Korčula: Prozession zu Ehren der Stadtheiligen Petrus und Paulus durch die Altstadt.

Festa i užance, Anfang August, Primošten: Eine Woche lang zeigen Tanz- und Musikgruppen lokale Folklore.

Saljske užance, 1. Sonntag im August, Sali, Dugi Otok: Fischerfest mit Musik und Tänzen der Region.

Buganje, 1. Sonntag im August, Murter, Kornaten: Zum Muschelfest gibt's Musik, Wein und gutes Essen.

Bootsprozession, 2. August, Korčula: Die malerische Prozession führt zur Klosterinsel Badija.

Gospe od Sniga, 5. August, Ugljan: Am Durchstich zu Pašman wird zu Ehren der ›Schneemadonna‹ eine feierliche Prozession abgehalten, ebenso in Bol auf Brač.

Sinjska Alka, Anfang August, Sinj (30 km von Split im Landesinneren): Ritterfestspiele in Erinnerung an eine Schlacht gegen die Türken.

Vela Gospa, 15. August, Pag: Eine Prozession bringt die Madonna zum Standort der alten Inselhauptstadt.

Kumpanjija, Mariä Himmelfahrt am 15. August, Blato auf Korčula: Vorführung traditioneller Schwerttänze auf dem Hauptplatz mit der Loggia.

September

Latinsko idro, 29. Sept., Murter, Kornaten: Am Festtag des Stadtpatrons hl. Michael wird am Vormittag eine Messe gefeiert; am Nachmittag gehen die traditionellen Holzsegelboote zu einer Regatta an den Start.

Dezember

Sv. Nikola, 6. Dezember, Komiža auf Vis: Den Stadtheiligen St. Nikolaus ehren die Menschen mit einer feierlichen Prozession. Zum Abschluss wird eine eigens dafür gebaute *garjeta,* ein traditioneller Fischkutter, verbrannt.

Festivals

April bis Oktober

Čilipi Folklora, Čilipi: im Konavle-Tal bei Dubrovnik werden zwischen Palmsonntag und Ende Oktober jeden Sonntag nach der Messe Folkloretänze vor der Kirche gezeigt.

Juni/Juli

Medunarodni dječji Festival, Juni/Juli, Šibenik: Das ›Internationale Kinderfestival‹ beginnt in der letzten Juni-Woche und dauert 14 Tage. Puppentheater und Filme stehen auf dem Programm und erfreuen kleine wie größere Menschen.

Festival dalmatinskih klapa, Juli, Omiš: Die besten kroatischen Chöre, *klapa* genannt, wetteifern um den Siegerpokal.

Juli/August

Paški ljetni Karneval, am letzten Freitag/Samstag im Juli, Pag: Beim Pager Karneval findet ein Umzug mit Fantasiekostümen statt.

Dubrovačke ljetne igre, Mitte Juli bis Ende August, Dubrovnik: Bei den Dubrovniker Sommerfestspielen treten Orchester und Theatergruppen in der Altstadt und in historischen Gebäuden auf. Auch Folkloreveranstaltungen sind im Repertoire.

Splitsko ljeto, Juli/August, Split: Der ›Spliter Sommer‹ dauert einen Monat ab Mitte Juli: Opern, Tanz und Theater in den historischen Gemäuern des Diokletianspalastes.

Makarsko ljeto, Juli/August, Makarska Riviera: Die Riviera zeigt ihren Gästen beim ›Kultursommer‹ von traditionellen Klapa-Chören bis zum Jazz ein breites Spektrum dalmatinischen Musikschaffens.

Markttage

Besonders malerisch sind die Markttage *(sajam),* die meist einmal im Monat in vielen Städten und Dörfern stattfinden. Wann und wo ein Sajam abgehalten wird, erfährt man bei den lokalen Tourismusbüros. Verkauft werden Handwerkserzeugnisse, Kleidung, Hausrat, natürlich auch die lokalen Souvenirs und oft auch selbst gebrannter Schnaps, Olivenöl, Wein und Honig. Am lebhaftesten sind die Märkte in den Vormittagsstunden.

Hic Faros, Hic Ars, Stari Grad, Hvar: Avantgardistisch präsentiert die Stadt Stari Grad ihre Kulturszene mit Ausstellungen zeitgenössischer Maler, Symposien über Bildhauerei und Design sowie Workshops für Hobby-Künstler. Konzerte runden das Angebot ab.

Glazbene večeri, Juli bis August, Sv. Donat, Zadar: Sakrale und klassische Musik werden in Zadar bei den festlichen Musikabenden in der Donat-Kirche gespielt.

Zadar Snova, Mitte August, Zadar: Internationale Kompanien treffen sich zum ›Festival des neuen Theaters‹.

Morečka, Juli/August, Insel Korčula: Die traditionellen Schwerttänze werden auf Korčula in der Sommersaison fast jeden Tag irgendwo auf der Insel aufgeführt.

Juli bis September

Hvarske ljetne priredbe, Juli bis September, Stadt Hvar auf der gleichnamigen Insel: Höhepunkt des umfangreichen Musik- und Folkloreprogramms sind die Vorstellungen im ältesten Theater Dalmatiens.

Sportveranstaltungen

Kornati Cup, Mitte April auf der Insel Murter (Kornaten): Zur Eröffnung der Touristensaison gehen die schönsten Segelboote ins Rennen.

Big Wall Speed Climbing: Die besten Freeclimber der Welt tummeln sich in der ersten Maiwoche an den Felswänden des Paklenica-Nationalparks.

Ladies Open, 1. Maiwoche, Bol, Insel Brač: ATP-Wettbewerb mit der internationalen Elite der Tennis-Damen.

Surfing Freestyle: Kroatische Surf-Meisterschaften in Dubrovnik, letzte Juliwoche.

Unterhaltung

In der Sommersaison wird stets irgendwo gefeiert und musiziert, und die meisten großen Hotelanlagen organisieren abends **Unterhaltungsshows,** bei denen sich Folklore und Comedy in etwa die Waage halten. An den Wochenenden spielen oft lokale Pop-Gruppen zum Tanz bis zum frühen Morgen auf. Da die meisten Veranstaltungen im Freien stattfinden, sollten sich Hotelgäste in dieser Zeit auf einen erheblichen Lärmpegel einstellen.

Neben den erwähnten Sommerfestivals (S. 19) gibt es vielerorts **Klassik-** oder **Pop-Konzerte.** Termine sind an den Litfasssäulen angeschlagen.

Das Nachtleben in den **Discos** beginnt erst spät – vor Mitternacht herrscht in fast allen Clubs gähnende Leere. Die kroatische Jugend verbringt den früheren Abend eher in Straßencafés und macht sich dann ab Mitternacht auf den Weg in die Tanztempel – die allerdings vorher oft mit Sonderpreisen (›Happy Hour‹) locken.

Der Korzo

Der wichtigste und preiswerteste Freizeitspaß am Abend ist der Corso, kroatisch *korzo.* Jung und Alt staffieren sich mit den schönsten Klamotten aus und bummeln auf der Uferpromenade *(riva)* oder auf der Hauptstraße des Ortes. Die ganz coolen Jungs sitzen im Straßencafé und lassen die einheimischen und fremden Schönen vorbeiparadieren – nicht ohne entsprechende Kommentare abzugeben. Macht auch umgekehrt Spaß, wird von den Männern aber nicht gern gesehen.

Unterwegs mit Kindern

Kinder sind Könige

Wie fast überall im Süden werden Kinder auch in Kroatien überschwänglich geliebt und sind immer willkommen. Für Kinder scheinen kaum Regeln zu gelten; sie dürfen überall spielen und wach bleiben, solange sie durchhalten.

Tipps für die Reiseplanung

Windeln, Babynahrung und Pflegeartikel bekommt man in Supermärkten, teils auch in Drogerien, allerdings etwas teurer als bei uns. Wichtig ist ein optimaler Sonnenschutz für Kinder. Im Hochsommer sollte man die Kleinen nicht länger in der prallen Sonne lassen; Hut, T-Shirt und Schutzfaktor ab 30 aufwärts sind beim Spielen am Wasser zu empfehlen. Da sich an Felsplatten und zwischen Steinen häufig Seeigel im Wasser verbergen, sollte man Kinder nicht ohne Badeschuhe ins Meer lassen. Abends und nachts schützt eine Moskitolotion vor Stechmücken, besser noch ein Moskitonetz.

Kinder am Strand

In Dalmatien sind richtige Sandstrände selten, häufig gibt es groben Kies oder Fels. Was auf den ersten Blick unbequem erscheint, ist ein wahres Paradies für kleine Naturforscher, denn in dem glasklaren, nicht durch Sand getrübten Wasser lassen sich Fischchen und Krebse beobachten. Am liebsten gehen die Kleinen mit Käscher und Eimerchen auf Fischfang – Eltern sollten aber unbedingt darauf achten, dass die Tiere nicht gequält und möglichst schnell wieder in Freiheit gesetzt werden.

Schlafenszeit

Kinder nehmen im Süden wie selbstverständlich auch am Nachtleben teil, ob spätabends beim Bummeln oder beim ausgiebigen Abendessen. Dafür wird nachmittags zur *fjaka* (Siesta) lange geruht oder geschlafen. Am besten, man gewöhnt die eigenen Sprösslinge an den dalmatinischen Rhythmus und vergisst die starren Schlafenszeiten von zu Hause.

Unternehmungen

Das Leben am und unter Wasser ist eigentlich schon spannend genug. Wenn trotzdem Langeweile aufkommen sollte, können Familien einen Piraten-Segeltörn auf alten Holzschiffen unternehmen oder das Meer mit Glasbodenbooten erkunden. Solche Ausflüge bieten die meisten Fremdenverkehrsorte an. Spannend sind auch Rafting-Touren auf der Cetina (S. 29) oder Schiffsfahrten die Krka hinauf zu spektakulären Wasserfällen (S. 66). Ältere Kinder können sich für die Freeclimber im Paklenica-Nationalpark (S. 81) oder für die Kellergewölbe des Diokletianspalastes in Split (S. 90) begeistern.

In Hotel und Restaurant

Viele Hotels haben Kinderclubs und Kinderanimation organisiert, es gibt sogar Campingplätze mit Unterhaltungsprogramm für Kinder. Spezielle Kataloge gibt es allerdings nicht. Kinderstühle und Kinderbetten findet man in den meisten Hotels und Restaurants vor.

Kindergerichte stehen zwar in den seltensten Fällen auf der Speisekarte, sie werden aber ohne Probleme nach Wunsch aus dem Angebot zusammengestellt. Selbst wenn keine Pizza auf der Karte steht, wird sie oft einfach bei der nächsten Pizzeria besorgt.

Übernachten

Stilles Refugium für Künstler: Kloster Galovac bei Preko

Unterkünfte

Kroatiens Hotellerie ist nach wie vor in der Umstrukturierung. Die ehemals staatlichen Unternehmen werden privatisiert und nach und nach renoviert. Der Standard in den neuen bzw. umgebauten Häusern ist hoch; die Unterkünfte älterer Bauart lassen aber noch Erinnerungen an miefige sozialistische Zeiten aufkommen. Dafür sind die Hotels, die noch auf ihr Facelifting warten, deutlich preiswerter als die neuen Ferienanlagen. Günstiger wohnt man auch in einem privat vermieteten Zimmer oder Apartment. Das Angebot ist riesig. Von den etwa 800 000 zur Zeit in Kroatien angebotenen Hotelbetten entfallen nur 100 000 auf Hotels – der Rest ist privat.

Kategorien und Preise

Die frühere Einstufung in Kategorien (A, B, C) ist nur noch gelegentlich zu finden und wurde durch eine nach Sternen ersetzt, deren Vergabe strengen Kriterien folgt: Hinter einem Drei-Sterne-Hotel kann sich also eine sehr luxuriöse Unterkunft verbergen, der nur die Klimaanlage oder ein Personallift für den vierten Stern fehlt. Fünf-Sterne-Hotels gibt es in Dalmatien nur in Dubrovnik, doch auch in einem Haus mit ›nur‹ zwei Sternen kann man perfekt untergebracht sein – daher empfiehlt es sich, sich die Zimmer vorab zeigen zu lassen. Das Preisniveau ist zwar gestiegen, liegt aber deutlich unter dem der südeuropäischen Konkurrenz. Es gibt allerdings erhebliche Schwankungen zwischen Haupt- und Nebensaison; die hier angegebenen Tarife sind Hauptsaisonpreise.

Hotels

Die meisten Hotels wurden in den 1960er und 1970er Jahren erbaut, wie damals üblich ohne große Rücksicht auf Landschaft und Umgebung. Die mittlerweile sanierten Häuser erstrahlen nun in neuem Glanz und verfügen über alle Annehmlichkeiten, die heute zum Hotelkomfort gehören: Pools, diverse Bars und Geschäfte, mehrere Restaurants etc. Sie sind allerdings wie für 60er-Jahre-Bau üblich sehr hellhörig. Wer Wert auf Ruhe legt, sollte deshalb lieber neu gebaute Hotels buchen.

Kleine Privathotels

Kleine, individuell geführte Häuser mit bis zu 20 Zimmern, von Jahr zu Jahr werden es mehr. Sie sind nicht immer direkt am Strand oder im Stadtzentrum, dafür aber bieten sie besonders aufmerksame Betreuung. Preislich liegen sie meist etwas über dem Niveau von Großhotels der gleichen Kategorie. Auf empfehlenswerte Privathotels wird bei den jeweiligen Orten hingewiesen.

Apartments & Privatzimmer

Dies ist eine kostengünstige Alternative zum Hotel, und als Zugabe gibt's den Kontakt zu den Gastgebern, die immer bemüht sind, weiterzuhelfen und Tipps zu geben. Privatunterkünfte vermitteln die örtlichen Touristenbüros und verschiedene Anbieter im Internet (s. S. 5).

Ferienhäuser

Einzeln stehende Ferienhäuser gibt es in Dalmatien bislang kaum zu mieten; fast immer handelt es sich bei den als »Häuser« in Katalogen, im Internet und in Anzeigen angebotenen Unterkünften um Einliegerwohnungen im Privathaus des Vermieters. Eine Ausnahme bilden die Inseln des Kornaten-Archipels: Hier kann man ehemalige Fischerhäuschen mieten, allerdings mit sehr einfachem Standard (s. S. 73, bei Riva-Tours).

Agrotourismus

Ländlicher Tourismus ist in Dalmatien erst im Aufbau, und der Unterschied zwischen einem ›Agroturizam‹-Betrieb und einer ›normalen‹ Privatpension ist nicht immer erkennbar. Eine eigene Auflistung von Agroturizam-Betrieben gibt es nicht; ein breites Angebot an ländlichen Häusern, Apartments oder gar Leuchttürmen, die man als Feriendomizil mieten kann, findet sich im Katalog von **Riva-Tours,** Neuhauser Str. 27, 80331 München, Tel. 089/23 11 000, www.rivatours.de.

Camping

Die Inseln Dalmatiens sind besonders beliebt bei Campingtouristen (doch ist wildes Campen streng verboten). Gut ausgestattete Zeltplätze lassen keinen Wunsch offen, die Preise liegen um 8 € für einen Stellplatz, 8 € fürs Auto und 5–6 € pro Person. Das Fremdenverkehrsamt (S. 34) verschickt eine Broschüre, in der alle Campingplätze aufgelistet sind. Informativer sind im Buchhandel erhältliche Campingführer.

Pauschal oder individuell?

Bei den Strandhotels empfiehlt es sich unbedingt, pauschal bei einem Veranstalter zu buchen; die Preise liegen deutlich unter den individuell verlangten Tarifen. Privatzimmer gibt's günstiger, wenn man sie über einen längeren Zeitraum anmietet. In der Hauptsaison im Juli/August sollte auf jeden Fall vorausgebucht werden.

Es gibt eine Vielzahl von kroatischen und deutschen Anbietern von Hotels, Ferienwohnungen und Privatzimmern im **Internet** (s. S. 5). Bei der Online-Buchung sollte man die Preise genau vergleichen; häufig ist es günstiger, Hotel oder Wohnung pauschal zu buchen (z. B. bei TUI, Riva-Tours) als individuell im Netz.

Show oder Ruhe?

In den Hotels finden musikalische Abendveranstaltungen statt, die bis in den frühen Morgen dauern können. Für Urlauber, die gerne feiern, ist das Unterhaltungsprogramm super; für Menschen, die lieber früh zu Bett gehen, kann es aber durchaus lästig sein. Deshalb empfiehlt es sich, vor der Buchung die Hotelbeschreibung im Katalog genau zu lesen: Wird auf Abendunterhaltung hingewiesen? Und wenn ja, wo findet sie statt? Bei der Reservierung sollte man um ein ruhig gelegenes Zimmer bitten, und wenn wirklich alle Stricke reißen, hilft es, einfach mitzumachen – oder Ohropax dabei zu haben.

Essen & Trinken

Das köstliche Eis Dalmatiens schmeckt Jung und Alt

Eine vielseitige Küche

Um es vorauszuschicken: Dalmatien ist nicht Čevapčići-Country an der Šljivovica-See. Die gegrillten Hackfleischwürstchen sind typisch für Bosnien, der Zwetschgenschnaps wird zwar auch in Kroatien getrunken, besitzt aber eigentlich eine serbische Tradition. Die dalmatinische Küche hat mehr zu bieten! So nah sich Berg und Meer sind, so vielfältig sind auch die Rezepte: deftig Bäuerliches und mediterrane, von Fisch dominierte Kost. Neben lokalen Spezialitäten findet man aber auch internationale Gerichte auf den Speisekarten.

Frisch aus Garten und Meer

Die meisten Zutaten werden fang- und erntefrisch verarbeitet: **Salat** und **Gemüse** – besonders beliebt ist Mangold – wachsen im eigenen Garten oder beim Nachbarn auf dem Feld. Tomaten, Wein, Kartoffeln – alles wird in der Region angebaut. Jeder gute Gastronom kennt einen Fischer, auf dessen Fangkünste er sich verlässt – auch wenn es mit dem **Fisch** nicht ganz so einfach ist, denn die Bestände in der Adria sind stark dezimiert, und die Gastronomen müssen deshalb häufig auf gefrorene Importware zurückgreifen. Wirklich gute Köche werden ihren Gästen aber neben den Spezialitäten auf der Speisekarte immer auch den ›Tagesfang‹ empfehlen, und der stammt dann zuverlässig nicht aus der Gefriertruhe.

Kulinarische Basics

Pršut, Schinken, mit **Ovčji Sir,** Schafskäse, dazu Oliven und Brot, das ist der typische Auftakt eines dalmatinischen Essens. Als Vorspeisen sind auch immer **Muscheln** im Angebot: schwarze Miesmuscheln und grau-grüne Seemuscheln.

Danach folgen **Fleischgerichte** von Schwein, Rind, Lamm und Wild. Sie kommen als Gulasch, Braten oder im Backofen gegart mit Teigwaren oder Kartoffeln und Mangold auf den Tisch, verfeinert werden sie mit Lorbeer, Thymian und Majoran, Olivenöl (oft aus eigener Produktion), Kapern und Knoblauch.

Fisch und **Meeresfrüchte** präsentieren die Restaurants an der Küste meist in einer Vitrine am Eingang: Hummer, Langusten, Drachenkopf, Zahn- und Goldbrassen oder Seebarsch. Mit viel Knoblauch über Holzkohlenfeuer gegrillt, im Salzmantel gebacken oder in Kapernsauce gedünstet, werden sie mit Gemüse serviert.

Das Angebot an **Desserts** beschränkt sich meist auf mit Schokoladensauce überzogene Pfannkuchen und Eis, doch das mundet an den Theken der Straßencafés wesentlich besser als im Restaurant.

Essen gehen

Viele **Restaurants** in den Touristenregionen haben ab Mittag bis in den späten Abend durchgängig geöffnet. **Essenszeiten** sind normalerweise zwischen 12 und 15 Uhr und ab 18 Uhr. Die Kroaten selbst geben einem gehaltvollen Mittagsmahl den Vorzug (die Geschäfte öffnen ja erst gegen 17 Uhr wieder) und essen abends nur noch eine Kleinigkeit.

Kroatien ist zwar kein Billigreiseland mehr, aber die **Preise** in den Restaurants sind nach wie vor günstiger als bei uns. Fleischgerichte liegen preislich deutlich unter Meeresfrüchten und Fisch. Letzterer wird nach Kilo verkauft; in den Restaurants kostet 1 kg Fisch erster Klasse brutto (mit Kopf und Gräten) zwischen 25 und 50 €!

Wer mittags nur eine Kleinigkeit essen möchte, sollte nach **Imbissbuden** oder **Grillständen** Ausschau halten, an denen winzige *girice* frittiert werden. Die Fischchen werden mit Kopf und Gräten gegessen; etwas Weißbrot dazu und fertig ist der preiswerte Mittagssnack.

Die meisten Restaurants akzeptieren die gängigen **Kreditkarten,** wobei AmEx und Diners nicht so gerne oder gar nicht genommen werden, Visa und Mastercard aber so gut wie überall. Der Service ist zwar in der Rechnung enthalten, es wird aber ein Trinkgeld erwartet.

Buffet statt Essen auf Rädern

Bis vor wenigen Jahren wurde das Essen bei Halbpension recht lieblos auf Rollwagen serviert und war selten von besonderem Geschmack. In vielen Hotels hat sich dies mittlerweile geändert. Dem Wunsch der Gäste nach Auswahl und Abwechslung trägt man heute mit üppigen **Buffets** zum Frühstück und Abendessen Rechnung. Darauf finden sich knackige Salate, viel Gemüse und eine große Auswahl an Nachspeisen. Ein Trauerspiel ist allerdings immer noch der **Kaffee**. Zubereitet wird Muckefuck; wer richtigen Kaffee möchte, muss gegen Bezahlung einen Espresso oder Cappuccino bestellen oder Nescafé mitnehmen.

Trinken

Das **Bier** stammt meist von heimischen Brauereien und wird vom Fass gezapft oder in Flaschen serviert.

Da der **Weinbau** in Dalmatien eine lange Tradition hat, sollte man sich die guten weißen und roten Tropfen wie Dingać und Pelješac oder den leichteren Kaštelet nicht entgehen lassen.

Ein Gläschen **Schnaps** beschließt traditionell das gute Essen: die aus Pflaumen gebrannte Šljivovica oder das kroatische Pendant zum Grappa, die Lozovača oder Travarica.

Volkstümliche Lokale

Wer gerne volkstümlich speist, sucht am besten eine *konoba* auf. Das sind häufig einfache Lokale, die auch *taverna* oder *gostionica* genannt werden. Ihr Angebot ist meist klein, aber stets von den volkstümlichen Traditionen der Region geprägt. Manchmal sind sie sehr einfach mit Holzbänken und grob gearbeiteten Tischen eingerichtet, sie können aber auch ein aus Antiquitäten zusammengestelltes Interieur besitzen – dann ist das Essen auch teurer.

Kulinarisches Lexikon

Frühstück

kava (s mljekom) Kaffee (mit Milch)
čaj Tee
sa šećerom mit Zucker
sa limunom mit Zitrone
kruh Brot
zemička Brötchen
maslac Butter
marmelada Marmelade
med Honig
sir Käse
šunka gekochter Schinken
jogurt Joghurt
jaja Eier
sok Saft
voće Obst

Vorspeisen

ovčji sir Schafskäse
pršut luftgetrockneter Schinken

Salate

salata Salat
zelena salata grüner Salat (Kopfsalat, Endivie, Eissalat)
radić Radicchio
salata od rajčica Tomatensalat
salata od cicle Rote-Beete-Salat
mješana salata gemischter Salat
salata od hobotnice Tintenfischsalat
salata od jastoga Hummersalat

Suppen

juha Suppe
maneštra Gemüseeintopf, -suppe
riblja juha Fischsuppe
govedja juha Rindsuppe

Fleisch und Fisch

bakalar Stockfisch
bjela riba Weißfisch
brancin Seebarsch
brodet Fischeintopf
gulaš Gulasch
jagnjetina Lamm
jastog Hummer
kotlet (svinjski, teleški) Kotelett (Schweine-, Rinder-)
lignja Tintenfisch
lignje na žaru gegrillter Tintenfisch
list Seezunge
marinirane sardelice marinierte Sardellen
mješano meso gemischtes Fleisch (meist vom Grill)
odrezak Schnitzel (meist Lende oder Filet)
pariški odrezak Pariser Schnitzel
bečki odrezak Wiener Schnitzel
orada Dorade
ostrige Austern
riba u soli Fisch im Salzmantel
školjke Muscheln
tuna Thunfisch

Typische Gerichte

Ajwar scharfe Sauce aus Paprika, Tomaten und Zwiebeln

Buzara Buzara-Sauce aus Knoblauch und Wein wird häufig zu Muscheln oder Fisch serviert.

Čevapčići Das meist preiswerte Gericht findet man auf den Speisekarten der Restaurants nur selten. Um sich gegen das Image ›billig und einfach‹ abzusetzen, haben Kroatiens Tourismusmanager die Gastronomie aufgefordert, auf derlei Kost aus gesamtjugoslawischer Zeit zu verzichten. Auf Wunsch werden die Hackfleischwürstchen trotzdem fast überall zubereitet.

Djuveč Eigentlich ein Reiseintopf mit Schweinefleisch; als Beilage wird der Reis mit Zwiebel, Paprika und Tomaten gegart und zu Fleischgerichten serviert.

Maneštra Eine gehaltvolle, mit Speck, Bohnen, Kartoffeln (und manchmal auch Innereien) angereicherte Gemüsesuppe – ideal bei kühler Witterung oder großem Hunger.

Ombolo Schweinefleisch in Marinade

Paški sir Der aromatische Hartkäse von der Insel Pag gilt als Dalmatiens bester Käse.

Pašticada Rindfleisch, gedünstet in einer Marinade aus Essig, Wein und Trockenpflaumen; beliebtes Festtagsgericht in Dalmatien.

Peka bezeichnet die besondere Zubereitung: Lamm oder Rind wird mit Gemüse unter eine Glocke aus Ton oder Metall gestellt, mit heißer Kohle überdeckt und gart langsam vor sich hin.

Pljeskavica kroatische Variante des Hamburgers, deftig mit Knoblauch gewürzt und auf dem Holzkohlengrill gebraten.

Rižoto Risotto gibt's in allen Variationen, mit Fleisch, Meeresfrüchten, Fisch oder besonders delikat im Herbst mit Pilzen.

Štrukli Dieser würzig gefüllte Strudel eignet sich gut als Zwischenmahlzeit. Darin findet sich je nach Familienrezept eine pikante Mischung aus Tomaten, Sardellen, Kapern, Käse und diversen Gewürzen.

Beilagen und Teigwaren

fuži Nudeln
njoki Gnocchi
krumpir Kartoffel
prženi krumpir Bratkartoffeln
pomfri Pommes Frites
kruh Brot
riža Reis
blitva Mangold

Obst und Nachspeisen

kompot Kompott
palačinke Pfannkuchen (mit Marmelade: *sa marmeladom,* mit Schokoladensauce: *s čokoladom,* mit Nüssen: *s oresima)*
sladoled Eis
torta Kuchen, Torte
jabuka Apfel
grožđje Trauben
kruška Birne
banana Banane
breskva Pfirsich

Getränke

jabučni sok Apfelsaft
sok od rajčica Tomatensaft
limunada Limonade
mineralna voda Mineralwasser
pivo Bier
vino *bijelo vino* (Weißwein), *crno vino* (Rotwein)
lozovača Tresterschnaps
travarica Tresterschnaps mit Kräutern
šljivovica Zwetschgenschnaps
vinjak Weinbrand

Bunte Eiscreme

Sie leuchten in allen Regenbogenfarben, tragen Namen wie ›Rafaelo‹ oder ›Deep Blue‹ und schmecken einfach süchtig machend: die zumeist von bosnischen Gastarbeitern fabrizierten Speiseeissorten. Spätestens zum Korzo bewaffnet sich die Jugend mit Eistüten, auf denen sich die buntesten Köstlichkeiten türmen. Die Regel, ›im Süden‹ kein Eis zu essen, kann man angesichts derlei Verlockungen getrost über Bord werfen.

Aktivurlaub

Entdeckungsfahrten im Kornaten-Archipel

Angeln

Angelscheine stellen die Reiseagenturen bzw. Tourismusbüros aus. Zusammen mit dem Schein erhält man Informationen über gesetzliche Regelungen, Verbote, Fangmengen etc. Die Kosten für den Angelschein hängen von Dauer und Region ab, pro Tag ist mit ca. 70 Kn zu rechnen.

Baden & Strände

Die Küste des Festlandes ist fast durchgehend felsig und außerhalb der Ortschaften nur gelegentlich von kleinen Kiesbuchten unterbrochen. Wo Feinkies oder gar Sand vorherrscht, befindet sich mit Sicherheit ein Ferienhotel. Auf den Inseln sieht dies gänzlich anders aus. Hier kann man mit dem Boot durchaus kleine Feinkies- und Sandstrände entdecken und befindet sich dort zumindest in der Nebensaison alleine. Dass Sand fehlt, hat einen überaus angenehmen Nebeneffekt: Das Wasser ist stets glasklar und sauber.

Viele Hotels haben Kaimauern gebaut und diese manchmal mit Sand aufgeschüttet oder mit einer Betonplatte begradigt. Treppen und Leitern führen dann ins Meer: Dort ist man vor Seeigeln relativ sicher. Wer es vorzieht, an naturbelassenen Küstenabschnitten zu baden, sollte möglichst Badeschuhe mitnehmen.

Gleitschirmfliegen

Wer sich nicht scheut, mit den schwierigen felsigen Küstenabschnitten zurechtzukommen, kann seinen Gleitschirm mit in den Urlaub nehmen. Für Anfänger ist das jedoch nichts! Auch eine Infrastruktur oder einen Ausrüstungsverleih gibt es in Dalmatien bislang nicht.

Höhlenerkundungen

sind dagegen vielerorts möglich, und der kroatische Speologen-Verband bemüht sich um einen touristengerechten Ausbau. So kann man beispielsweise im Paklenica-Nationalpark, auf vielen Inseln und abseits der Küste Karsthöhlen besuchen. Wer keine Erfahrung und entsprechende Ausrüstung besitzt, sollte bei nicht gesicherten Höhlen besser auf die Hilfe eines lokalen Führers zurückgreifen. Regelmäßige Führungen gibt es beispielsweise in der Grapčeva špilja auf Hvar (S. 57) und in den Cerovačke-Höhlen bei Gračac (S. 103, 115).

Klettern

Besonders der Paklenica-Nationalpark ist bei Freeclimbern für seine anspruchsvollen, hohen Felswände berühmt. Hier finden auch internationale Wettbewerbe statt. Auf Pag ist eine Felswand unweit des Hauptortes zur Kletterzone erklärt worden, das Biokovo-Gebirge besitzt in der Nähe der Stadt Omiš mehrere Freeclimber-Passagen.

Mountainbiking

MTB-Fahren ist ebenso wie das Wandern bei den jungen Kroaten sehr beliebt, und in den Touristenzentren kann man meist nicht nur ›normale‹ Drahtesel, sondern auch recht gute Mountainbikes und Trecking-Räder leihen.

Das Radwegenetz befindet sich im Aufbau; die wenig befahrenen Feldwege und Regionalstraßen auf den Inseln eignen sich aber ohnehin vorzüglich fürs Radfahren, so dass spezielle Fahrradwege überflüssig sind. Gute Kondition ist Vorbedingung, denn es geht teils recht heftig bergauf. Vom Radeln auf der Adria-Magistrale sollte man wegen des gefährlichen Verkehrs allerdings absehen. Als Fahrradkarten eignen sich die im Maßstab 1:100 000 publizierten Karten Dalmatinische Küste 1–4 von Freytag & Bernd.

Rafting

Auf der Cetina, die bei Omiš südlich von Split ins Meer mündet, werden Rafting-Touren mit Kanus und/oder Schlauchbooten organisiert. Veranstalter ist z. B. *Slaptours* in Šibenik, Tel. 022/31 14 60, Fax 31 14 70, www.slaptours.hr.

Reiten

Kleinere Reiterhöfe gibt es in den meisten Ferienregionen; eine lange Tradition hat der Pferdesport in der Region um Omiš, wo man entlang der Cetina Ausritte unternehmen kann.

Seekayaking

Ist wunderschön zwischen den Inseln der Kornaten. Man mietet sich ein einsames Haus (S. 72) und verbringt die Tage im Kayak, mit Einkaufen oder auf Abenteuersuche. Auch für Ausflüge kann man in vielen Badeorten Kayaks leihen.

Segeln

Passionierten Seglern gilt die kroatische Adria mit ihren unzähligen großen und kleinen Inseln als schönstes Revier Südeuropas. Eine ausgezeichnete Infrastruktur mit modernen Marinas paart sich mit paradiesisch unberührter Natur. Viele Badebuchten sind nur vom Meer her zugänglich, und man kann dort außerhalb der Hauptsaison allein mit sich, dem Schiff und dem Meer den Tag vertrödeln. Wer kein eigenes Boot besitzt, kann ein Schiff mieten, und wer lieber mit Gleichgesinnten unterwegs ist, findet eine breite Palette von Ausflugsfahrten, die einige Stunden bis mehrere Tage dauern.

Meiden sollte man allerdings die Monate Juli und August, in denen sich die Yachten vor den Inseln richtig stauen. Natürlich kann man in Kroatien auch einen Segelschein erwerben.

Informationen erhält man beim kroatischen Verband *ACI*, dessen Büro in Opatija (Maršala Tita 221, Tel. 051/27 12 88, www.aci-club.hr) eine Broschüre über Lage und Ausstattung der Marinas herausgibt. Eine Auflistung der Marinas, teils auch mit weiterführenden Links, findet man unter www.croatia.hr.

Lesetipp

Wer die Ferien lieber mit einem Buch im Liegestuhl verbringt, sollte den Band ›Dalmatien‹ aus der Reihe ›Europa erlesen‹ (Wieser Vlg. Klagenfurt) mitnehmen. Historische und moderne Autoren schreiben kenntnisreich und amüsant über die Region.

Der berühmteste Sandstrand: Zlatni rat auf Brač, das ›goldene Horn‹

Tauchen

Die felsigen Küsten sind ein hervorragendes und für Europa einzigartiges Tauchrevier. Neben der reichen Unterwasserflora und -fauna können erfahrene Taucher auch die Wracks zahlreicher gesunkener Schiffe durchstöbern oder bei Cavtat nach römischen Amphoren suchen (s. S. 45). Aber auch wer ›nur‹ schnorchelt, wird im klaren Wasser interessante Entdeckungen machen können.

Ein kroatisches Tauchpermit kostet 100 Kn und ist ein Jahr gültig. Tauchschulen nach internationalem Standard, die in Kursen zum CMAS oder PADI-Tauchschein führen, gibt es so gut wie in jedem Ort, dort kann man auch Ausrüstung leihen. Adressen sind beim jeweiligen Ort genannt.

Im Internet findet man Infos zum Thema Tauchen in Kroatien unter www.diving.hr; ein informativer ›Tauchreiseführer Kroatien‹ mit vielen hilfreichen Adressen ist bei Delius Klasing erschienen.

Tennis

Die meisten Hotels besitzen Tennisplätze, einige auch mit Flutlichtanlage; fast überall kann man einen Lehrer engagieren und Stunden nehmen. Zahlreiche Veranstalter bieten kombinierte Tennis- und Badeferien für alle Altersgruppen an.

Wandern

Fast alle lokalen Tourismusverbände bemühen sich, die alten Eselspfade und Feldwege deutlich zu beschildern und instandzuhalten. Besonders auf den Inseln ist ein Netz herrlicher Wanderwege entstanden, die durch Macchia und aromatisch duftende Wälder führen.

Im Paklenica-Nationalpark (S. 81), im Velebit-Gebirge (S. 114) und im Biokovo-Massiv (S. 115) kann man tagelang wandern, bergsteigen und klettern. Gutes Kartenmaterial ist in den Buchhandlungen und Souvenirläden vor Ort oder beim zuständigen Tourismusverband verfügbar. Wer sich nicht alleine auf den Weg machen will, kann einen Führer engagieren. Informationen zu Wander- und Klettermöglichkeiten in Dalmatien findet man unter www.croatia.hr.

Wasserspaß

Über und unter Wasser kann man sich den ganzen Tag vergnügen: Tretboote leihen, in Aquascootern übers Meer flitzen, in Kayaks durch die Buchten gleiten oder auf Bananas reiten: Das sind lange gelbe Plastikwulste, auf denen man zu mehreren mit dem Boot übers Wasser gezogen wird. Entsprechende Wassersportzentren findet man an allen größeren Stränden, Badeanlagen und Ferienhotels. Aquaparks, also große Wasserspaß-Anlagen mit diversen Rutschen, Wasserfällen etc., findet man an der dalmatinischen Küste kaum.

Wellness

Richtige Kur- und Wellnesszentren gibt es in Dalmatien bislang nicht; doch in den anspruchsvolleren, neuen Hotelanlagen finden Gäste (und oft auch Besucher) ein breites Angebot von Kosmetik über Massage bis hin zu verschiedenen therapeutischen oder auch einfach nur entspannenden Behandlungen z. B. mit Meerschlamm.

Windsurfen

Wer windsurfen will, findet in den Buchten und zwischen den Inseln ideale Windbedingungen; in vielen Orten gibt es professionelle Surf-Stationen. Surfschulen und Ausrüstungsverleihe arbeiten nach modernsten Standards und haben alle großen Marken im Programm. Als beste Spots gelten die Landspitze von Bol auf der Insel Brač und der Kanal zwischen Korčula und Pelješac. Erfahrene Windsurfer wagen sich weiter hinaus, wo die Bura sie über die Wellen jagt (sie sollten sich aber keinesfalls überschätzen!).

Die schönsten Strände

Zlatni rat (F 9): Das ›Goldene Horn‹, Landzunge bei Bol auf der Insel Brač, ist Dalmatiens berühmtestes Strand-Fotomotiv: Wie eine Haifischflosse reckt sie sich ins Blau der Adria, gesäumt von feinem Kiessand.
Makarska Riviera (G 9): Besonders kinder- und familiengerechte Strände. Sie senken sich ganz flach ins Meer und bestehen aus Kies, an manchen Stellen sogar aus Sand.
Orebić (H 10): Kies und Sand wechseln sich ab; besonders malerisch ist die Kulisse; man blickt vom Liegestuhl auf die grüne Insel Korčula und auf Korčula-Stadt, das wie eine Puppenstube auf einer Halbinsel thront.
Lokrum (K 11): Die Festungsmauern und Kirchtürme von Dubrovnik bieten die Kulisse: beeindruckend, auch wenn es zum Baden nur Fels gibt und ein paar Leitern, die den Einstieg erleichtern.
Lopud (K 11): Ein wahrer Paradiesstrand mit feinstem pulverigen Sand; zu erreichen täglich mit Badebooten von Dubrovnik aus.
Dubrovica (F 9): Die beliebte Ferieninsel Hvar ist reich an winzigen, idyllischen Badebuchten mit feinem Kies; als Geheimtipp der Jugend gilt aber die ›Dubrovica‹ an der Straße von Hvar-Ort nach Stari Grad.

Sprachführer

Aussprache

Wer die Konsonanten nicht scharf und abgehackt, sondern weich und stimmhaft spricht, wird schon bald aus Krka ein Kerka zaubern; und wer nj einfach vertauscht und daraus ein jn formt, spricht Lošinj schon fast aus wie ein Einheimischer. C wird im Kroatischen wie z im Deutschen und z wie s gesprochen. Weiter kennt das Kroatische mehrere Sonderzeichen, die folgendermaßen ausgesprochen werden:

š entspricht dem deutschen sch
ž entspricht dem deutschen dsch
č entspricht dem deutschen tsch
ć entspricht dem deutschen tch
đ/Đ entspricht dem deutschen dj

Allgemeines

Guten Tag	Dobar dan
Guten Abend	Dobro veće
Auf Wiedersehen	Do vidženja
Wie geht's?	Kako je
Danke, gut	Hvala, dobro
Bitte	molim
Danke	hvala
Entschuldigung	oprostite
Ich heiße …	Zovem se …
Wo ist …	gdje je
ja/nein	da/ne

Zeit

Sonntag	nedjelja
Montag	ponedjelak
Dienstag	utorak
Mittwoch	srijeda
Donnerstag	četvrtak
Freitag	petak
Samstag	subota
Feiertag	praznik
wann	kada
heute	danas
gestern	jucer
morgen	sutra

Notfall

Hilfe!	U pomoć
Polizei	policija
Arzt	doktor, ljekar
Unfall	nesreća
Panne	kvar, defekt

Unterwegs

Haltestelle	stajališce
Bus	autobus
Fahrkarte	karta
Bahnhof	kolodvor
Flughafen	aerodrom
Fähre	trajekt
Auto	auto
Eingang	ulaz
Ausfahrt	izlaz
links/rechts	lijevo/desno
geradeaus	ravno
hier/dort	ovdje/tamo
Stadtplan	plan grada
Auskunft	informacije (pl.)
Vorsicht	pozor
Bank	banka
Telefon	telefon
Telefonkarte	telefonska kartica
Post	pošta
geöffnet	otvoreno
geschlossen	zatvoreno

Einkaufen

Geschäft	trgovina
Markt	tržnica
Kreditkarte	kreditna kartica
teuer	skupo
billig	jeftino
Wie viel?	Koliko?

Im Hotel

Zimmer	soba
für eine Person	sa jedno osobo
Dusche	tuš
Schlüssel	ključ
Handtuch	ručnik

Aufzug	lift
Gepäck	prtljag
Pass	pasoš
Quittung	potvrda
Empfang	recepcija
Rechnung	račun
Ankunft	dolazak
Abfahrt	polazak
Parkplatz	parkiralište
Zelt	vrijeme
Wohnwagen	karavan

Im Restaurant

Frühstück	doručak
Mittagessen	ručak
Abendessen	večera
essen	jesti
trinken	piti
Tisch	stol
reservieren	rezervirajti
Messer	nož
Gabel	viljuška
Löffel	kašika
Flasche	flaša
Glas	čaša
Speisekarte	jelovnik
Vorspeise	predjelo
Hauptgericht	glavno jelo
Nachspeise	desert
vegetarisch	vegetarsko
Getränk	piće
bezahlen	platiti

1	jedan	16	šestnaest
2	dva	17	sedamnaest
3	tri	18	osamnaest
4	četri	19	devetnaest
5	pet	20	dvadeset
6	šest	30	trideset
7	sedam	40	četrdeset
8	osam	50	pedeset
9	devet	60	šezdeset
10	deset	70	sedamdeset
11	jedanaest	80	osamdeset
12	dvanaest	90	devedeset
13	trinaest	100	sto
14	četrnaest	1000	tjsuća
15	petnaest	2000	dvije tjsuće

Wichtige Sätze

Wie komme ich nach …? Kako da dodjem u …?
Wo ist der / das / die nächste Arzt / Krankenhaus / Polizei? Gdje je najbliži zubar / bolnica / policija?
Wo ist der Bahnhof / Flughafen? Gdje je kolodvor / aerodrom?
Wo ist das Hotel …? Gdje je hotel …?
Haben Sie ein freies Zimmer / Doppelzimmer? Imate li slobodno sobo / dvokrevetnu sobo?
… mit Toilette? … s zahodom?
Wie viel kostet das Zimmer? Koliko stoji soba?
Bezahlen bitte! Platiti, molim!
Sprechen Sie Deutsch/Englisch? Govorite li njemački/engleski?
Ich brauche … Treba mi …
Wie viel kostet das? Koliko košta?
Wann öffnet / schließt …? Kada se otvara / zatvara …?
Wo kann ich den Wagen parken? Gdje mogu da parkiram?
Ich habe einen Unfall / eine Panne. Imam nesrećo / kvar.
Können Sie mir helfen? Možete li mi pomoći?

Auskunft

Kroatische Zentrale für Tourismus (HTZ)

... in Deutschland
– Kaiserstr. 23, 60311 Frankfurt
Tel. 069/23 85 350
Fax 069/23 85 35 20
kroatien-info@gmx.de
www.croatia.hr
– Rumfordstr. 7, 80469 München
Tel. 089/22 33 44, Fax 089/22 33 77
kroatien-tourismus@t-online.de

... in Österreich
Am Hof 13, 1010 Wien
Tel. 01/585 38 84
Fax 01/585 38 84 20
office@kroatien.at

... für die Schweiz
Die Büros in Deutschland und Österreich betreuen auch Anfragen aus der Schweiz.

Einreise

Zum Aufenthalt von bis zu drei Monaten benötigt man einen gültigen Reisepass oder Personalausweis (dann wird ein kostenloser Passierschein ausgestellt). Kinder brauchen einen eigenen Kinderausweis oder müssen im Reisedokument der Eltern eingetragen sein. Autofahrer benötigen den nationalen Führerschein; die grüne Versicherungskarte muss für Kroatien gültig sein. Wer einen Hund mitnehmen möchte, muss eine Tollwutimpfung nachweisen, die höchstens sechs Monate, mindestens aber 30 Tage zurückliegt.

Die Einfuhr von Gegenständen des persönlichen Gebrauchs ist unbegrenzt möglich; für einige Artikel gelten Höchstmengen: 200 Zigaretten, 50 Zigarren, 1 l Spirituosen, 50 ml Parfum. Fremdwährung darf ohne Einschränkung mitgeführt werden. Die Einfuhr von kroatischer Währung ist auf 2000 Kn beschränkt.

Anreise

Mit dem Flugzeug

Internationale Flughäfen gibt es bei Rijeka, Zadar, Split, Dubrovnik und auf Brač. Chartermaschinen fliegen Split, Brač und Dubrovnik an. Linienflüge der Lufthansa, SWISS, AUA und Croatia Airlines führen prinzipiell über Zagreb, wo Anschlussflüge der Croatia Airlines zur Küste starten (nach Bol/Brač 3-mal/Woche, nach Dubrovnik teils mehrmals täglich, nach Split täglich, nach Zadar 6-mal/Woche. Auskunft erteilt:

Croatia Airlines
Schillerstr. 42–44, 60313 Frankfurt
Tel. 069/92 00 52 0
Fax 069/92 00 52 51
frato@croatiaairlines.com
www.croatiaairlines.com.

Mit der Bahn

Die Bahnverbindungen nach Mitteldalmatien (Split) führen über Zagreb; die Fahrt kann mit Umsteigen bis zu 24 Stunden dauern. Zeitlich günstiger reist man mit der Bahn nach Rijeka (Juli/August Kurswagen ab München) und von dort mit Bussen oder dem Fährschiff weiter nach Süden. Die Fahrt dauert etwa neun Stunden und lässt sich im Liege- oder Schlafwagen buchen. Autoreisezüge verkehren bis ins österreichische Villach. Von der Schweiz aus empfiehlt sich die Anreise über Triest und dann weiter über das slowenische Koper nach Kroatien. Auskunft geben die Bahnen unter www.deutsche-bahn.de (Deutschland), www.oebb.at (Österreich) und www.ssb.ch (Schweiz).

Mit dem Auto oder Motorrad

Die schnellste und bequemste Verbindung führt über Salzburg, die Tauern-Autobahn nach Villach und weiter entweder über Ljubljana nach Rijeka oder über Udine, Triest und Koper, wo man weiter in Richtung Rijeka fährt und dann der Küstenstraße folgt. Die Küstenstraße ist weitgehend mit einem neuen Belag versehen, so dass die Rutschgefahr bei Nässe nicht mehr so extrem ist.

Mit der Fähre

Personen- und Autofähren der Jadrolinija fahren mehrmals die Woche von Ancona bzw. Bari nach Dubrovnik und von dort weiter die Küste entlang über Split nach Rijeka. Die Überfahrt dauert 12 Stunden, Informationen über Abfahrtszeiten und Preise finden sich auf der Homepage www.jadrolinija.hr.

Eine schnelle Autofähre der SNAV verbindet zwischen Juni und September Split, Hvar und Vis mit dem italienischen Ancona. Die Fahrtzeit beträgt 4 Stunden (www.snavali.com).

Mit dem Bus

Busse der Deutschen Touring fahren von vielen deutschen Städten nach Kroatien. Die Strecke München–Dubrovnik wird beispielsweise zweimal die Woche gefahren, dauert 21 Stunden und ist mit 90 € für Hin- und Rückfahrt sehr preiswert. Informationen unter www.deutsche-touring.com oder unter Tel. 069/790 30.

Geld

Die kroatische Währung heißt Kuna (Kn, HRK) und ist unterteilt in 100 Lipa (Lp). Es gibt Banknoten zu 5, 10, 20, 50, 100, 200, 500 und 1000 Kuna, Münzen zu 1, 2 und 5 Kuna sowie 50, 20 und 10 Lipa. Der Kurs zum Euro bewegt sich um 7,20 Kuna, zum Schweizer Franken um 5 Kuna. In Hotels und Restaurants kann man häufig mit Euro bezahlen. Auch Kreditkarten und die EC/Maestro-Karte werden in den gastronomischen Betrieben und Geschäften der touristischen Regionen fast überall akzeptiert.

Bankautomaten, an denen man mit EC/Maestro- oder Kreditkarte Geld abheben kann, gibt es in allen größeren Orten. Allerdings sind die Gebühren für Transaktionen mit Nicht-EU-Ländern relativ hoch; über die geltenden Tarife informiert die Hausbank.

Sicherheit

Dalmatien ist eine sichere Reiseregion; allerdings sollte man auch hier die üblichen Vorsichtsmaßnahmen beachten: keine Wertgegenstände im Auto liegen lassen; Schmuck und Geld besser in den Hotelsafe; im Gedränge auf Hand- und Brieftaschen achten. In großen Hafenstädten wie Split ist das Diebstahlrisiko naturgemäß höher als in kleinen Fischerörtchen.

Notfall

Polizei: Tel. 92
Feuerwehr: Tel. 93
Ambulanz/Erste Hilfe: Tel. 94

Pannenhilfe: Tel. 987
Deutsche Botschaft: Ulica grada Vukovara 64, 10000 Zagreb
Tel. 01/615 81 00, Fax 01/615 81 03
Österreichische Botschaft
Jabukovac 39, 10000 Zagreb
Tel. 01/483 44 57, Fax 01/483 44 61
Schweizer Botschaft
Bogovićeva 3, 10000 Zagreb
Tel. 01/481 08 91, Fax 01/481 08 90

Telefonieren

Telefonieren kann man von den öffentlichen Fernsprechern, von den Filialen der kroatischen Telekom und den Hotels. Für die Telefonzellen braucht man eine Telefonkarte, die in Zigarettenläden, bei Postämtern, aber auch bei einigen Souvenirgeschäften und Supermärkten verkauft werden *(telefonska kartica)*. Telefongebühren sind in den Hotels wesentlich höher. Mobiltelefone aller gängigen Provider sind in Dalmatien fast überall einsetzbar; nur auf einigen Inseln kann es zu Verbindungsstörungen kommen.
Vorwahl für Kroatien: 00 (+) 385
– nach Deutschland: 00 (+) 49
– nach Österreich: 00 (+) 43
– in die Schweiz: 00 (+) 41
Telefonauskunft national: Tel. 988
Telefonauskunft international: Tel. 902
Auskunft im Internet: www.ht.hr

Öffnungszeiten

Banken und Postämter: Mo–Fr 7–19, Sa 8–13 Uhr. In jeder Großstadt gibt es ein Postamt, das auch So geöffnet ist. Filialen in kleinen Städten schließen meist zwischen 13 und 15 Uhr.

Geschäfte: Üblicherweise sind Geschäfte Mo–Sa 7–13 und 16/17–20 Uhr geöffnet; Supermärkte und Kaufhäuser arbeiten durchgängig. In touristischen Gebieten öffnen einige Lebensmittelgeschäfte und Souvenirshops in der Saison auch am Sonntag.
Kirchen: außerhalb der Gottesdienstzeiten häufig geschlossen; nur Gotteshäuser, die als Sehenswürdigkeit gelten, bleiben den Tag über offen.
Museen: Di–Sa 9–18 Uhr, So oft nur bis 14 Uhr, Mo ist oft ganztägig geschlossen. Häufig wird eine Mittagspause eingelegt. Aktuelle Öffnungszeiten bei den Touristenbüros vor Ort.

Gesundheit

Besondere Gesundheitsrisiken bestehen nicht, doch sollte man an ausreichenden Sonnenschutz denken und nicht zu viele eiskalte Getränke zu sich nehmen, um Durchfall zu vermeiden. Im Krankheitsfall kann das Hotel oder Touristenbüro einen deutschsprachigen Arzt empfehlen. In Kroatien bar bezahlte Arztrechnungen werden von den Kassen in Höhe der gültigen Sätze erstattet. Damit die Behandlungskosten vor Ort übernommen werden, benötigt man einen für Kroatien gültigen internationalen Krankenschein; empfehlenswert ist eine Auslandskrankenversicherung (ohne Selbstbeteiligung).

Behinderte

Die renovierten Hotels sind alle behindertengerecht ausgestattet; bei den öffentlichen Verkehrsmitteln müssen Behinderte allerdings Hilfe in Anspruch nehmen. Als Badeziel eignet sich Dalmatien wegen der meist felsigen Strände für Behinderte nur bedingt.

Auskunft über behindertengerechte Reisen erteilt die *BAGCBF*, Eupener Str. 5, 55 131 Mainz, Tel. 06131/22 55 14, www.bagcbf.de.

Unterwegs in Dalmatien

Flugverbindungen gibt es von den Küstenstädten nur in die Hauptstadt Zagreb; die Bahnlinie endet in Split. Busse und Fähren sind in Dalmatien die Verkehrsmittel der Wahl:

Mit dem Bus

Ein gut ausgebautes, bequemes Busnetz verbindet die größeren Orte miteinander und führt auch auf die Inseln. Mit etwa 60 Kuna/100 km sind die Preise recht günstig, allerdings empfiehlt es sich, rechtzeitig Plätze zu reservieren. Busfahrpläne finden sich unter www.akz.hr.

Mit dem Taxi

Taxis sind außerhalb der Großstädte und Touristenzentren eher rar. Sie sind stets mit einem Taxameter ausgestattet und relativ preiswert. Für 10 km ist mit etwa 80 Kuna zu rechnen.

Mit Auto & Motorrad

Die Hauptstraßen sind gut ausgebaut, und Kroatien tut viel, um auch Nebenstraßen auszubessern und zu verbreitern. Autobahn-Teilstücke führen um Rijeka herum und sollen demnächst mit Anschluss an die Autobahn nach Ljubljana auch die An- und Abreise der Feriengäste bequemer gestalten.

Geschwindigkeitslimits: Ortschaften 50 km/h, Landstraßen 80 km/h, Schnellstraßen 100 km/h, Autobahn 130 km/h. Daran hält sich allerdings kaum jemand – die Kroaten fahren schnell und neigen zu riskanten Überholmanövern. Doch hat die kroatische Polizei inzwischen begonnen, massiv Radarfallen aufzustellen.

Unfälle: Man sollte unbedingt die Polizei hinzuziehen und darauf bestehen, dass ein rechtsgültiges Protokoll angefertigt wird.

Achtung: Auto- und Motorradfahrer, die an den kurvigen Straßen ihre besondere Freude haben, seien vor der Küstenmagistrale gewarnt: Wenn die Bura weht, können die Windstöße jedes Fahrzeug aus der Bahn werfen.

Tanken: Benzin hat in Kroatien den gleichen Preis wie in Mitteleuropa, Diesel ist etwa 10 % günstiger.

Leihfahrzeuge: Alle internationalen Verleihfirmen und viele nationale Unternehmen sind in den Ferienorten vertreten. Motorroller werden fast überall auf den Inseln angeboten.

Mit der Fähre

Von Rijeka verkehren Autofähren der Reederei Jadrolinija in der Hochsaison täglich. Die Fahrzeit hinunter bis Dubrovnik beträgt 24 Std. (Stopps je nach Linie u. a. in Zadar, Split, Hvar).
Information: **Jadrolinija,** Tel. 00385/51/66 61 11, Fax 66 62 63, www.jadrolinija.hr.

Jadrolinija bedient auch die Verbindungen vom Festland zu den Inseln. Größere Eilande werden in der Hochsaison fast stündlich angefahren, es kommt aber trotzdem immer wieder zu längeren Wartezeiten, wenn man mitsamt einem Auto übersetzen möchte.

Orte vo

Ob man auf dem Segelboot durch die Archipele vor Zadar, Split oder Dubrovnik gleitet, am Hafenkai in der Abendsonne köstlich frischen Fisch genießt, sich in einem Ferienhotel am Strand entspannt, mit dem Mountainbike durch Bergwälder radelt, die Gipfel der Küstenberge erklimmt oder sich einfach nur auf der Luftmatratze über die Wellen treiben lässt – Dalmatien hat für

n A bis Z

jeden Geschmack etwas zu bieten. Dieser Führer gibt Ihnen viele Tipps und ausgesuchte Adressen an die Hand, damit Ihr Urlaub zum Erlebnis wird! Und wer das Besondere entdecken möchte, sollte sich von den fünf Touren leiten lassen. Die Dalmatinische Küste in kompakter, überschaubarer Form, für den, der viel sehen und nichts verpassen will.

Biograd (D 6/7)

Biograd ist ein reiner Ferienort ohne Sehenswürdigkeiten. Große Hotels stehen an den Marinas oder sind in den Pinienwäldern der Umgebung versteckt. Ein kleines Heimatmuseum zeigt Interessanteres zur frühkroatischen Geschichte des 1102 zur Residenzstadt der ungarisch-kroatischen Krone gekürten Städtchens.

Sehenswert

Zavičajni muzej: Frankopanska trg, Mo–Sa 8–13 Uhr, Eintritt 10 Kn.
Heimatmuseum zur frühen Geschichte Kroatiens: Volkskunst und Handwerk.

Sport & Strände

Baden: Südlich vom Zentrum befinden sich Badekais, Feinkiesstrände und ein Meerwasserpool.
Albamaris Diving center: Zadarska 59, Tel. 098/19 35 330, Fax 023/38 54 35, info@albamaris.hr, www.albamaris.hr.
Das engagierte, unter fraulicher Leitung stehende Tauchzentrum bietet Tauchausbildung, Halbtages- und Tagesausflüge. Fahrten zu den Kornaten zwischen zwei Tage und einer Woche.

Turistička zajednica: Biograd, Trg hrvatskih velikana 2, Tel./Fax 023/38 31 23, www.dalmacija.net/biograd.htm, www.biograd.org.

Crvena Luka: etwa 5 km im Süden von Biograd am Meer, Tel. 023/38 31 06, Fax 023/38 49 15, crvenaluka@zadarnet.hr, DZ um 500 Kn.
Zeltplatz, Apartments und Hotelzimmer in eigener Anlage am Strand einer tiefen Bucht. Für den, der seine Ferien ungestört von allen etwaigen Fährnissen verbringen möchte.
Ilirija: Tina Ujevića 2, Tel. 023/38 35 36, Fax 023/38 30 08, www.ilirijabiograd.com, DZ um 550 Kn.
Teilsaniertes Hotel direkt an der Marina, daher schöner Ausblick in den vorne liegenden Zimmern.

Guste: Kralja Petra, Tel. 023/38 30 25, Hauptgericht um 45 Kn.
Auf rustikalen Holzbänken an der Marina speist man Fisch in verschiedenen Variationen; viele einheimische Gäste.
Konoba Galerija: Kralja Petra Krešimira IV, Tel. 023/63 82 98, Hauptgericht um 50 Kn.
Einheimische Küche nach Rezepten der Großmutter in einem schmalen Innenhof. Beste Zutaten aus ökologischem Anbau.

Hafenamt: Tel. 023/38 32 10.
Fähren: Ein- bis zweistündlich gehen Autofähren von Biograd nach Tkon auf Pašman (S. 81); Info: Jadrolinija/Zadar, Tel. 023/25 05 55.

Highlight 1

Brač (F/G 9)

Signore Benetton kommt jedes Jahr mit seiner Yacht von Italien herüber – braucht es eine bessere Empfehlung? Die mit Pinien und Eichen bewaldete Hügelwelt mit fruchtbaren Tälern ist ein Eldorado für Wanderer. Brač ist die größte zentraldalmatinische Insel und besitzt auch die höchste Erhebung aller kroatischen Eilande, den 778 m hohen Vidova Gora. Wein und Oliven werden kultiviert, auch Kiwis wachsen in den Tälern. Viele Kräuter und besonders

Stilvoll logieren in der Villa Giardino

Das kleine, edle Privathotel Villa Giardino ist eine ideale Unterkunft für Gäste, die auf gepflegtes Ambiente, zuvorkommenden Service und individuelle Betreuung Wert legen. Es befindet sich im Städtchen Bol inmitten eines parkartigen Gartens, den die Besitzer liebevoll pflegen. Individuell gestaltete Zimmer bestechen durch perfekten Komfort. Nummer 4 ist mit dem Originalbett gerüstet, in dem am 23. April 1875 Kaiser Franz Josef die Nachtruhe fand. Gartenrestaurant, Lounges und eine Cocktail Bar füllen den Körper, Sauna und Massagen pflegen ihn. Der Besitzer (mit perfekten Deutschkenntnissen) ist Bildhauer und zeigt bei Nachfrage gern sein Atelier. Im Garten stehen Werke bekannter Künstler. Die Preise sind trotz aller Annehmlichkeiten eher moderat.
Villa Giardino: Bol, Tel. 021/63 59 00, Fax 021/63 55 66, www.bol.hr/online/VillaGiardino.htm, DZ um 580 Kn.

der überall wuchernde Salbei geben dem auf Brač gewonnenen Honig seinen typischen Geschmack. Supetar (s. Tour 3, S. 112) ist der Hauptort der 14 000 Einwohner zählenden Insel, und hier legen die meisten Besucher von Split kommend mit der Fähre an. Doch das touristische Zentrum ist Bol, und dort liegt auch der einzige internationale Flughafen der Inselwelt, der Brač per Charter mit Mitteleuropa (Augsburg, Wien, Graz, Ljubljana) verbindet. Die Römer brachen auf der Insel den Stein, der für den Bau des Diokletianspalastes in Split benötigt wurde. Noch heute gilt das Gestein als qualitativ hervorragend und findet seinen Weg bis nach Washington und Berlin, wo er in Repräsentationsgebäuden verbaut wird.

Sehenswert

Škrip: Museumsdorf unweit vom Insel-Hauptort im Landesinneren: Man kann Honig, Wein, Grappa und Olivenöl direkt vom Bauern kaufen und einen Turm mit außen umlaufender Treppe besichtigen, dessen Fundamente auf die Illyrer zurückgehen. Die Römer wandelten das Bauwerk in ein Mausoleum um, die Kroaten in einen Wehrturm. Im Dorf kann man gut die traditionelle Bauweise mit Dächern aus Stein beschauen.
Brački muzej: Škrip, tgl. 10–18 Uhr, Schlüssel im Gebäude nebenan, Eintritt 10 Kn.
Ethnographische und archäologische Exponate.

Sport & Strände

Baden: Bekanntester Strand der Insel ist das Goldene Horn – **Zlatni Rat** bei Bol. Feinkies und Sand beidseits eines Pinienhains lassen den Urlaubern die Möglichkeit, jeweils die windabgewandte Seite zum Brutzeln zu nutzen. Einheimische fahren mit dem Boot von Zlatni Rat Richtung Milna nach Westen und baden in einer der kleinen, schönen Buchten.
Radfahren: Mountainbikes werden bei den Hotels vermietet *(Kaktus* in Supetar, s. u.).
Schnorcheln kann man gut am Küstenabschnitt zwischen Bol und Milna.
Tauchen: *Divecenter Kaktus,* Supetar, Tel./Fax 021/63 04 21, www.think-dive-company.de.
Tauchkurse und -ausflüge.

Mediterrane Abende genießen: in Bol auf der Insel Brač

Windsurfen: Der Kanal zwischen der Insel Brač und der Insel Hvar gilt wegen des beständigen kräftigen Windes als einer der besten Windsurf-Spots in Europa. Bretter werden an den Stränden von Bol vermietet oder bei: *Orca Sport,* Račić 9, Bol, Tel. 021/32 17 71, Fax 021/32 17 72, www.orca-sport.com.

Bootsverleih: *Rent a boat,* Supetar, Tel. 091/514 38 55.

Bootsausflüge: *Brač Tours,* am Hafen, Tel./Fax 021/63 12 38, www.brac-tours.com. Kreuzfahrten und Fischpicknick.

Wandern: Von Bol aus kann man den Vidova Gora auf markiertem Weg in etwa 2 Std. erklimmen.

Ausflüge mit dem Motorroller durchs Landesinnere organisiert das Tourismusbüro in Supetar.

Einkaufen

Jakša Krstinić: Der Künstler verkauft in Škrip Skulpturen und die typischen Steinhäuschen als Miniaturen nachgebaut, Tel. 021/35 66 91.

Pero Jakšić: Der weit über die Grenzen Kroatiens hinaus bekannte Bildhauer arbeitet im Städtchen Nerežišća, Tel. 021/64 78 33. Er macht Reliefs, Figuren und Figurengruppen aus dem berühmten Stein der Insel.

Ausgehen

Disco Fenix: Supetar, put Vele Luke 2, Tel. 021/63 05 24, ganzjährig am Wochenende, Juni–Sept. tgl.

Faces Club: Bol, am Hang, nur Juni–Aug. In der Open-Air-Disco außerhalb Bols trifft sich alles. In der Umgebung dämmern vormittags die Tanzgänger vom Vorabend in ihren Schlafsäcken dem nächsten Abend entgegen.

Night Bar Kaktus: Supetar, im Hotelkomplex Kaktus, nur in der Saison, tgl. ab 22.30 Uhr.

Turistička zajednica:
Supetar: Porat 1, 21400 Supetar, Tel./Fax 021/63 05 51, www.supetar.hr.
Bol: Porat bolskhi pomoraca bb, Tel. 021/63 56 38, Fax 021/63 59 72, www.bol.hr.

Mandić: Supetar, Vladimir Nazora 9, Tel. 021/63 09 66, Fax 021/63 09 11, DZ um 400 Kn. Ganzjährig geöffnetes Familienhotel, das auch von Geschäftsreisenden benutzt wird.

Herkules: Škrip, Tel. 021/35 00 98, Fax 021/52 48 35, DZ um 550 Kn.
In einem ehemaligen Schulgebäude, einfach und sauber, auch ein bekanntes Esslokal.

Kaktus: Supetar, put Vele Luke, Tel. 021/63 11 33, Fax 021/63 11 30, DZ um 550 Kn.
Freundliche Ferienanlage im Pinienwald, nicht weit von einem netten Kiesstrand und etwas außerhalb gelegen.

Bonaca: Bol, Tel. 021/63 52 88, Fax 021/30 62 57, www.zlatni-rat.hr, DZ um 1000 Kn, pauschal zu buchen über TUI.
Renovierte All-inclusive-Anlage mit breitem Freizeitangebot, etwas oberhalb des ›Traumstrandes‹ Zlatni Rat gelegen.

Villa Giardino: s. Tipp S. 41.

Konoba Dom Vladimir Nazor: auf dem Gipfel des Vidova Gora, nur Juni bis September, Hauptgericht um 45 Kn.
Ausflugslokal mit Weitsicht. Lamm am Spieß, serviert allerdings von nicht sonderlich enthusiastischem Personal.

Konoba Mlin: Bol, Ante Starčevića 11, Tel. 021/63 56 26.
Bäuerliche Küche und Fisch in einer schön renovierten Mühle mit großzügiger Terrasse am Meer.

Konoba Tomić: Humac, Tel. 021/64 70 88.
Im Inselinneren gelegenes Lokal in einem 300 Jahre alten Haus mit leckerer bäuerlicher Küche. Wer brav ist, darf sich den alten Lagerkeller mit allerlei historischen Haushaltsgegenständen anschauen.

Konoba Vinotoka: Supetar, Jobova 6, Tel. 021/63 13 41. Auf einer Terrasse in der Altstadt selbst gefangener Fisch vom Grill und aus der Pfanne. Beste Adresse im Ort.

Fähren: Die Autofähre zwischen Split und Supetar legt in der Hochsaison etwa alle 2 Std. ab, bei Andrang auch nach Bedarf. Eine weitere Verbindung besteht zwischen Sumartin und Makarska. Auskünfte über die Fähren bei Jadrolinija in Supetar, Tel. 021/63 02 56.
Autoverleih: San Pietro, Supetar, Petra Jakšića 7, Tel. 021/63 02 07.
Flughafen: bei Bol, Tel. 021/63 13 70.
Hafenamt von Supetar: Tel. 021/63 11 16.

Ziele in der Umgebung

Blaca: Di–So 8–17 Uhr, Eintritt 30 Kn. Von Bol per Schiff zum Ausgang der Schlucht oder per Taxi zum Einstiegspunkt in die Schlucht im Inselinneren.

Das Kloster von Blaca ist heute ein nettes, kleines Museum, das nur durch einen etwa halbstündigen Spaziergang vom Meer oder vom Landesinneren aus zu erreichen ist. Es liegt in einer Schlucht und diente als Zuflucht für die Inselbewohner. 1551 entstanden die ersten Gebäude, im 18. Jh. wurde eins der ersten Glasgewächshäuser Europas errichtet. Die Einsiedelei war offenbar wirtschaftlich erfolgreich, denn noch heute wird ein Teil des Hafens von Milna, wo deren Waren verladen wurden, ›Kai von Blaca‹ genannt. 1963 verstarb der letzte Mönch. Im Kloster wurde astronomische Forschung betrieben, und Korrespondenz aus aller Welt ist zu besichtigen – ebenso das priesterliche Plumpsklo. Schön ist das durchaus luxuriöse Klosterleben nachzuvollziehen.

Highlight 2

Cavtat (K 11)

Das hübsche Örtchen Cavtat ging aus dem antiken Epidaurum hervor. Im Halbbogen umspannen die Häuschen die Luka-Bucht zwischen zwei Landzungen, hinter der zum Landesinneren orientierten Landzunge befindet sich die geschützte Marina in der Tiha-Bucht. Cavtat mit seinen 2000 Einwohnern steht natürlich im Schatten des 15 km entfernten Dubrovnik, doch haben die Gemächlichkeit und der Frieden auch etwas für sich. Man findet hier ebenso einen Rektorenpalast, wenn auch in den Dimensionen um einiges kleiner als dort. An der Uferpromenade reihen sich die Cafés und Restaurants aneinander, und an der Tiha-Bucht planschen die Kinder im Wasser oder spielen unter den Pinien. Gegenüber stehen die Betonburgen der Hotels Epidaurus und Albatros mit einem Strand aus Wackersteinen. Abgeschieden in einem Wäldchen liegt das Luxushotel Croatia an der Luka-Bucht, der Uferpromenade benachbart.

Sehenswert

Knežev dvor (Rektorenpalast): am Hauptplatz, Tel. 020/47 85 56, Mo–Fr 9–13 Uhr, 10 Kn.
Der Palast des Stadtoberhaupts aus dem 16. Jh. beherbergt die Bogišić-Kollektion *(Zbirka Baltazara Bogišića)* mit Büchern, Manuskripten, Gemälden und Hausrat aus dem 17. und 18. Jh.
Mauzolej Obitelji Račić (Mausoleum der Familie Račić): auf dem Hügel zwischen Luka- und Tiha-Bucht, tgl. 10–12 Uhr und nach Vereinbarung unter Tel. 020/47 80 25, 5 Kn. 1920–23 ließen die reichen Schiffseigner das Grabmal auf dem Friedhof aus

dem Stein der Insel Brač errichten. Es ist auf einem kurzen, von der Hafenpromenade ausgeschilderten Spazierweg erreichbar.
Pinakoteka župne Crkve Sv. Nikole: neben der Kirche Sv. Nikola und dem Rektorenpalast, nur nach Voranmeldung unter Tel. 020/47 82 49, Eintritt 10 Kn.
Die Pinakothek wurde 1952 gegründet. Zu ihrer Sammlung gehören u. a. eine Ikone des hl. Nikolaus aus dem 15. Jh., ein Alabasterrelief aus der gleichen Zeit und Werke des kroatischen Künstlers Vlaho Bukovac (1855–1922).

Sport & Strände

Andrija Saulović: Tel. 020/47 11 90. Bootsfahrten in familiärem Rahmen.
Epidaurum Diving: im Hotel Epidaurum, Tel. 020/47 13 86, www.epidaurum-diving-cavtat.hr. Tauchgänge u. a. in eine unterseeische Amphoren-Welt.

Turistička zajednica: Cavtat, Tiha 3, Tel. 020/47 90 25, Fax 020/47 80 25, www.tzcavtat-konavle.hr.

Supetar: Obala Dr. Starčevića, Tel. 020/47 82 78, Fax 020/47 81 63, www.hoteli-croatia.hr, DZ um 420 Kn.
Direkt an der Uferpromenade gelegenes, einfaches 2-Sterne-Haus mit Charme.
Cavtat: Tiha 30, Tel. 020/47 82 46, www.iberostar.com, DZ um 780 Kn.
Großanlage für die günstigen Ferien an einem Strand, der vornehmlich aus Wackersteinen besteht.
Croatia: Krankopanska 10, Tel. 020/47 55 55, Fax 020/47 82 13, www.hoteli-croatia.hr, DZ um 1400 Kn, pauschal zu buchen bei TUI.
Absolute Luxusadresse mit 5 Sternen und allem nur erdenklichen Komfort. Eigener Strand, Shuttle nach Dubrovnik und illustre Gäste aus Film und Fernsehen.

Taverna Galjia: Vulićevićeva 1, Tel. 020/47 85 66, Hauptgericht um 55 Kn.
Fisch-Carpaccio mit Rucola, Kapern und Oliven, Polenta mit Tintenfischsauce, Krevetten in Honig oder Seegurke mit Fenchel: Die Karte geht weit über Standards hinaus, und man sitzt sehr angenehm entweder auf der Terrasse am Meer oder auf der Dachterrasse.
Leut: Trumbićev Put 11, Tel. 020/47 90 50, Hauptgericht um 65 Kn.
Auf der Karte steht, was man von einem guten Fischrestaurant erwartet – nicht mehr, nicht weniger.

Im Sommer verkehren mehrmals täglich Ausflugsboote zwischen Cavtat und Dubrovnik (Abfahrt Hotel Albatros, Cavtat, Alter Hafen, Dubrovnik). Busse verbinden die beiden Orte etwa im Stundentakt.

Ziele in der Umgebung

Čilipi: Durch das Tal von Konavle führt eine Fahrt in das Dorf Čilipi, wo in der Saison jeden Sonntag die Folkloregruppe des Ortes auftritt. Einmal den Busparkplatz hinter sich gebracht, kommt man zum gepflasterten Dorfplatz. In der Kirche wird die Messe abgehalten, während sich draußen schon die Zuschauer formieren. Schließlich legen die Tänzerinnen und Tänzer los. Fliegende Röcke, klatschende Hände, die Protagonisten sind mit Spaß bei der Sache und ernten viel Beifall (Juli–Sept. So 11 Uhr, 20 Kn). Bei organisierten Touren endet dieser Ausflug meist im Restaurant Konavoski Dvori, einer alten Wassermühle im Konavle-Tal (ausgeschildert ab Gruda), wo sich Lämmer und Spanferkel über der Kohlenglut drehen und der Wein in Strömen fließt. Ohne Reservierung ist in der Hochsaison kein Platz zu ergattern (Tel. 020/79 10 39, Hauptgericht um 60 Kn).

Highlight 3

Dubrovnik (K 11)

Dubrovnik zu Füßen des 412 m hohen Berges Srđ steht mit seinem Altstadtkern in der Unesco-Liste des Weltkulturerbes, und dies zu Recht: Nur selten findet man ein derart intaktes Gebäudeensemble aus Barock und Renaissance, ein Gesamtkunstwerk, in dem die steinernen Zeugen des alten Ragusa die Bühne abgeben für Kunst, Musik und vor allem für die 45 000 Einwohner des modernen Dubrovnik. Mehrere Monate wurde Dubrovnik im Winter 1995 belagert und beschossen. Die dadurch an den Gebäuden angerichteten Schäden wurden behoben; die Verletzungen in den Seelen der Belagerten tief unten vergraben. Dubrovnik ist eine heitere Diva von kühler marmorner Schönheit; in Aussehen und Wirkung kann es Venedig durchaus Paroli bieten, wie es dies ja jahrhundertelang auf dem Feld des Handels getan hat.

Im 15. und 16. Jh. war der Stadtstaat Dubrovnik, lateinisch Ragusa genannt, eine mächtige Handelsnation (s. Tour 5, S. 116). Die Politik der Stadt war stets aufs Äußerste vorsichtig. Ihr oberster Herr wurde jeweils nur für einen Monat gewählt und durfte in dieser Zeit den Rektorenpalast nicht verlassen – er hatte also keine Chance, zum Despoten zu werden.

Seit 2002 erleichtert eine kühn über einen tiefen Meeresfjord gespannte Brücke die Zufahrt nach Dubrovnik. Früher musste der Fjord in einer mühevollen Kurverei umfahren werden, was bei dem hier herrschenden Stoßverkehr meist eine halbe Stunde Zeit kostete. Doch die berühmten Stadtmauern sind dann immer noch nicht erreicht; sie verbergen sich hinter einem Gewirr von Einbahnstraßen, das durchs moderne Dubrovnik auf die andere Seite der Halbinsel zur Altstadt überleitet. Und dann wächst endlich abweisend und einladend zugleich der gelbliche Stein der Festungsmauern aus dem azurblauen Meer.

Durch enge Gassen betritt man die Stadt entweder am Pile-Tor (im Westen) oder am Ploče-Tor (im Osten); man bewegt sich durch die völlig intakte Kulisse einer alten, mediterranen Handelsstadt und hat doch nie das Gefühl, in einem Museum zu sein: In Dubrovnik pulsiert das Leben (immerhin noch 4500 Bewohner hat die Altstadt), die Straßencafés sind dicht besetzt, Träger schaffen Waren auf Handkarren zu den Geschäften (Dubrovnik ist autofrei), Straßenmusikanten spielen auf, Jongleure werfen Feuer in den Himmel. Spiegelblank glänzt der über Jahrhunderte geschliffene Steinbelag der Gassen, wenn der Sonnenuntergang die ganze Stadt in ein weiches Licht taucht.

Sehenswert

Stadtmauer (Gradske zidine):
April–Okt. tgl. 9–18.30 Uhr,
sonst 10–15 Uhr, 15 Kn.
1940 m Länge misst die Schutzwehr der Stadt, zur Landseite 4–6 m, zur Seeseite 1,5–3 m dick, an manchen Stellen 25 m hoch und immer wieder von Festungen (Bokar, Sv. Ivan, Revelin) verstärkt. Am eindrucksvollsten ist die Fes-

tung Minčeta, zwei aufeinander gesetzte Rundtürme, die Dalmatiens Architekt Juraj Dalmatinac zusammen mit dem Kollegen Michelozzo Michelozzi 1464 errichtete und von deren höchster Plattform man einen perfekten Panoramablick über Dubrovnik genießt. Auf der Mauer lässt sich die Altstadt in etwa einer Stunde vollständig umrunden.

Stadttore: Zwei Tore führen in die Altstadt: Pile im Westen und Ploče im Osten. Von der Neustadt überquert eine Zugbrücke den Mauergraben zum Doppeltor von Pile, über das der hl. Vlaho, Blasius, wacht und das von der Festung Lobrenjac mit über 10 m dicken Mauern geschützt wird. Das Ploče-Tor wurde ebenfalls Mitte des 15. Jh. erbaut und unter den Schutz der Festung Revelin gestellt.

Placa/Stradun: Die Hauptstraße, die die beiden Tore Dubrovniks verbindet, ist eine der schönsten Barockstraßen der Welt. Als 1667 ein Erdbeben alle Bauten an der Placa (von *platea*, ›Straße‹) zerstörte, wurden bei der Neuplanung gleiche Giebelhöhe, einheitliche Fronten und der Einbau von Geschäften im Parterre vorgeschrieben – das Ergebnis beeindruckt noch heute. Am westlichen Ende der Placa wurde 1438 der große Onofrio-Brunnen zur Wasserversorgung errichtet; rechts erhebt sich die Fassade des Franziskanerklosters und dessen Kirche Sv. Frane.

Luža (Marktplatz): Bis zum Beginn des 20. Jh. wurde hier, am Fuß der 1418 aufgestellten Rolandssäule, Markt gehalten. Deren Elle (51,2 cm) galt als Maß für die Marktleute. Überhaupt legte man Wert auf Genauigkeit und Kalkulierbarkeit: Roland schaut aufs ehemalige Zollhaus, den Sponza-Palast – heute Stadtarchiv –, wo man den in Stein gemeißelten Wahlspruch verwahrt: »Unsere Maße erlauben kein Betrügen und kein Betrogenwerden«.

Sveti Vlaho: Die Kirche des hl. Blasius am Luža-Markt, 1715 von einem Venezianer im Barockstil errichtet, ist dem Schutzheiligen der Stadt geweiht. Das steinerne Abbild des Blasius sieht man immer wieder an Fassaden und Eingängen, auch das Stadtfest wird ihm zu Ehren ausgetragen. Gegenüber der Kirche steht die Stadtloggia und daneben das Rathaus, dessen Erdgeschoss von einem Café eingenommen wird, das den Luža-Markt mit dem alten Hafen verbindet.

Rektorenpalast (Knežev dvor): Gleich mehrmals wurde die Residenz des höchsten Würdenträgers von Ragusa zerstört – mal war's Feuer, dann eine Explosion und schließlich das Erdbeben. Vom gotischen Ursprungsbau blieben nur die Fundamente über; die Renaissance trug zur Fassadengestaltung bei, das Innere ist barock. Dubrovnik hatte einen großen Rat, einen kleinen Rat und den Senat. Aus deren Mitte wurde der Rektor gewählt – immer nur für einen Monat. In dieser Zeit durfte er das Gebäude nicht verlassen: An einer Tür erinnerte ihn die Inschrift »Vergesst Privates und sorgt nur für

die Fragen des Staates« an seine Pflichten.

Kathedrale & Kirchenschatz (Katedrala i Riznica): Schräg neben dem Palast ersetzte der Dom zu Beginn des 18. Jh den älteren Bau, den einst Richard Löwenherz auf dem Rückweg vom dritten Kreuzzug nach seiner Strandung bei der Insel Lokrum gestiftet haben soll. Wurden auch die meisten Reliquien beim Erdbeben von 1667 zerstört, die Reste bezeugen noch immer den damaligen Reichtum Ragusas. Unter den Reliquien befindet sich auch das Haupt des Stadtheiligen aus dem 11. Jh. (tgl. 9–19 Uhr, 5 Kn). So wertvoll war der Kirchenschatz, dass man keinem über den Weg traute und ein Schloss mit drei verschiedenen Schlüsseln schmiedete: für den Erzbischof, den Rektor und den Staatssekretär.

Altstadt: Hinter dem Dom befindet sich der älteste Stadtteil Dubrovniks. Nicht mehr barockhaft gerade sind die Gassen dort, sondern verwinkelt eng, von Treppen unterbrochen, verwunschene Orte mit ab und an einem Restaurant, dessen Tische sich an die Hauswände schmiegen. Hält man sich südlich, kann man das Viertel über die breite, geschwungene Barocktreppe bei der Jesuitenkirche Sv. Ignac verlassen.

Lokrum: Die Insel in der alten Hafenbucht ist dicht mit Bäumen bestanden; ein ehemaliges Benediktinerkloster diente komfortabel umgebaut gekrönten Habsburgern als ruhiges Domizil und bildet heute die Kulisse für ein einfaches Inselrestaurant. Rund um die Insel wurden Badeplätzchen mit etwas Beton und Leitern ausgebaut; Spazierwege laden zum schattigen Bummel ein (Überfahrt vom alten Hafen, s. Sport & Strände, S. 50).

Dominikaner-Kloster (Dominikanski samostan): Sveti Dominika 4, tgl. 9–18 Uhr, 10 Kn.

Das auf das Jahr 1225 zurückgehende Kloster besitzt mit seiner Kirche das größte hochgotische Bauwerk der östlichen Adria. Von außen wirkt es mit seinen glatten, den Festungswällen ähnelnden Wänden unnahbar, im Innern birgt es einen wunderschönen Kreuzgang. Die Galerie zeigt religiöse Gemälde aus der fernen Vergangenheit, aber auch moderne Kunstgegenstände; Manuskripte und Dokumente sind in der Bibliothek zu bewundern.

Pulsierendes Leben in Mittelalterbauten: Dubrovniks Luža-Platz

Franziskaner-Kloster (Franciskanski samostan): Placa 2, tgl. 9–16 Uhr, 5 Kn.
Das Kloster beim großen Onofrio-Brunnen besticht ebenfalls durch einen schönen Kreuzgang (60 Doppelsäulen aus der Romanik) und seinen Garten. Die im Museum gezeigte Apotheke soll die drittälteste der Welt sein. Die Sammlung religiöser Kunst (Bilder und Bücher) und die Einrichtung der Apotheke sind in einem großen Saal untergebracht.

Stadtmuseum (Dubrovački muzej): Pred Dvorom 3, tgl. 9–14 Uhr außer So, 15 Kn.
Im Rektorenpalast eingerichtet, zeigt es Wichtiges zur Stadtgeschichte und die teils noch mit Originalmöbeln bestückten Räume des Rektors. Auch der Stadtschlüssel wird hier aufbewahrt.

Schifffahrtsmuseum (Pomorski muzej): am alten Hafen in der Festung Sveti Ivana, Di–Sa 9–14 Uhr, 15 Kn.
Bärbeißig blicken die honorablen Kapitäne aus ihren Gemälden auf die Schiffsmodelle und Besucher.

Aquarium (Akwarij): unter dem Schifffahrtsmuseum, D. Jude 2, tgl. 9–13 Uhr, außer So, 15 Kn.
Den Fischen und Pflanzen der Adria gewidmet.

Synagoge, Jüdisches Museum (Sinagoga): Ul. Žudioska, Mo–Fr 10–13 Uhr.
Bei der Synagoge der ein paar Dutzend Köpfe zählenden jüdischen Gemeinde Dubrovniks wird zurzeit ein Museum eingerichtet.

Etnografski muzej Rupe: Od Rupa 3, Tel. 020/41 25 45, Mo–Sa 9–13 Uhr, So geschl., Eintritt 5 Kn.
Die ethnografische Sammlung bäuerlicher Werkzeuge und Trachten überzeugt besonders durch die schöne Präsentation in den Räumen des ehemaligen Getreidespeichers.

Sport & Strände

Stadtstrände: Südlich der Kathedrale verläuft entlang der Stadtmauer die Gasse Iza Mira, von ihr führt eine unscheinbare Pforte hinaus zu den Felsen vor den Mauern, bei ruhigem Meer ein beliebter Badeplatz. Der Strand zwischen Ploče-Tor und Hotel Excelsior besteht aus Kies und besitzt gute Infrastruktur wie Bar, Toilette, Schirmverleih.

Insel Lokrum: Mit dem Boot kann man vom alten Hafen rausfahren und dort an den Kies- und Felsenstränden baden (Überfahrt 15 Kn, Pendelverkehr).

Mlini: Der Hotel-Vorort von Dubrovnik besitzt sehr schöne Kiesstrände und einige Mittelklassehotels.

Insel Lopud: Der schönste Strand der Region, mit dem Schiff (3–5 Überfahrten tgl.) ab Hafen Gruž in 50 Min. für 20 Kn erreichbar (s. S. 66).

Ausflugsfahrten/Kanu-Trecking: Atlas, Lučarica 1, Tel. 020/44 25 28, Fax 020/42 02 05, www.atlas-croatia.com.
Das Reisebüro organisiert Kanuwanderungen in Bosnien-Herzegowina (Pass nicht vergessen!) und Ausflugsfahrten ins benachbarte Montenegro.

Rundflüge: vom Flughafen Dubrovnik (s. S. 53), max. drei zahlende Passagiere, Buchungen unter Tel. 020/47 86 74 oder Mobil-Tel. 098 42 78 56 (30 Min. um 35 € pro Person).

Tauchen: DBS Scuba Diving, im Hafen Gruž, Gruška obala 1, Tel. 020/31 30 24, Fax 020/31 30 25, diving@dubrovniktravel.com. Tauchclub.

Wandern: Wer etwas wandern möchte, nimmt ab Hafen Gruž die Fähre in Richtung Šipan. Über Koločep und Lopud fährt man in einer Stunde zum Hafen Suđurađ mit zwei Burgschlössern und wandert in einer weiteren Stunde über die praktisch nicht befahrene Asphaltstraße der Insel Šipan auf die andere Seite: Dort kann man in der ausgezeichneten Konoba kod Marka (s. S. 68) zu Mittag essen, am kleinen Strand baden und dann in L. Šipanska das Schiff zurück nach Dubrovnik nehmen.

Einkaufen

Algebra: Placa 9, Tel. 020/37 32 17. Bestens sortierte Buchhandlung mit Reiseführern, Bildbänden und Hintergrundliteratur in vielen Sprachen – und mit einer sehr kompetenten Beratung.
Deša Dubrovnik: s. Kasten rechts.
Ronchi: Lučarica 2, Tel. 020/42 19 95. Das Hutgeschäft der Stadt mit Tradition: Seit 1858 werden Kopfbedeckungen gefertigt, heute von Marina Grabovac mit viel Esprit und Schick.
Salon Kože: Gundulićeva 7. Hübsche Taschen und Ethno-Schmuck.

Ausgehen

Carpe Diem: Kneza Damjana Jude 4, Tel. 020/32 31 69, ab 18 Uhr, open end. Kunst, Internet-Café, sehen und gesehen werden. Im Carpe Diem passt alles zusammen – deshalb ist es der beste Ort in Dubrovnik, um den Abend zu beginnen.
Buža: Crjivićeva 6, ab 12 Uhr, open end. Durch einen Durchbruch in der Stadtmauer gelangt man zur Bar auf den Felsen am Meer. Hier trifft sich die Jugend, bevor sie sich ins Nachtleben katapultiert.
Troubadour (Ex-Hard Jazz Café): Buničeva poljana 2, Tel. 020/41 21 54, ab 18 Uhr, open end. In der Saison werden hier allabendlich Jazz-Sessions abgehalten.

Echt traditionelles Kunsthandwerk

›Deša Dubrovnik‹ ist ein Verein, der versucht, den vom Krieg traumatisierten Frauen zu helfen und ihnen neben sozialen Kontakten auch Einkommensmöglichkeiten zu bieten. Gemeinsam und unter Betreuung stellen sie Handarbeiten her und können sich aussprechen. Die Arbeiten, Tischdecken, Servietten, Blusen und Täschchen, werden im Laden des Vereins in den alten Lazarettgebäuden Richtung Ploče verkauft und sind qualitativ hochwertig und sehr hübsch. Im Gegensatz zu den ›industriell‹ gefertigten Souvenirs arbeiten die Frauen mit den seit Generationen weitergegebenen Vorlagen, Mustern und Materialien ihrer jeweiligen Heimat. Wer also ein besonderes Geschenk oder Souvenir sucht, ist hier an der richtigen Adresse: **Deša Dubrovnik,** Fran Supila 8, Tel. 020/42 01 45, Fax 020/41 10 33, www.desa.dubrovnik.org.

Latin Club Fuego: Pile, Brsalje 11, tgl. 22–4 Uhr. Angesagte Location für Salsa, Samba und Daiquiris.
Exodus: am Babin Kuk bei Lapad, ab 22 Uhr. Die Disco hat nur in den Sommermonaten geöffnet.
Lazareti: am Hafen, Fran Supila 8, Info unter Tel. 020/42 89 46. Lazareti ist ein vielseitiges Kulturzentrum; hier residiert Deša (s. oben), jeden Fr (im Sommer auch Di) kann man Folkloretänze bewundern (Eintritt um 70 Kn), und an den Wochenenden finden in den Hallen Techno-Partys statt.

Rave in Dubrovnik

Ein Kultevent unter kroatischen Techno-Fans ist der Silvester-Rave ›The Gate‹, der nun schon seit drei Jahren im Dubrovniker Techno-Tempel Lazareti steigt. Mittlerweile hat es sich auch in Italien herumgesprochen, dass dies die Party des Jahres ist. Infos unter: www.klubska-scena.com oder www.gate2004.du-hr.net.

Feste & Unterhaltung

Sveti Vlaho (hl. Blasius) am 3. Februar mit Trachtenumzügen und Prozession mit den Reliquien des Heiligen.

Dubrovačke ljetne igre (Dubrovnik Sommer-Festival) findet alljährlich Anfang Juli bis Ende August mit Musikveranstaltungen und Theateraufführungen unter internationaler Beteiligung statt (www.dubrovnik-festival.hr).

Turistička zajednica: Dubrovnik, Cvijete Zuzorić 1/2, Tel. 020/32 38 87, Fax 020/32 37 25, www.tzdubrovnik.hr.

Wohnen in der Altstadt: Apartments vermittelt **Touristcenter,** Stradun bb, gegenüber der Franziskanerkirche, Tel. 020/32 33 50.

Omladinski Hostel: V. Sagrestana 3, Richtung Lapad, Tel. 020/42 32 41, Fax 020/41 25 92, www.hfhs.hr, b&b 70–100 Kn/Person.
Jugendherberge von Dubrovnik mit Mehrbettzimmern.

Nevena Abjanić: Ilije Sarake 8, Tel. 020/32 36 90, Preise auf Anfrage.
Ein Apartment mit zwei Schlafzimmern und Küche im ältesten Viertel hinter dem Dom.

Petka: Obala S. Radića 38, Richtung Lapad, Tel. 020/41 80 08, Fax 020/41 80 58, www.croatia-vacation.com, DZ um 550 Kn.
Gesichtsloses Neubauhotel verkehrsgünstig direkt am Hafen Gruž gelegen.

Bellevue: Pera Čingrije 7, Richtung Lapad, Tel. 020/41 28 54, Fax 020/41 40 58, www.hotel-bellevue.hr, DZ um 850 Kn.
Renoviert, als Adlernest über dem Privatstrand, zu dem es im Lift hinuntergeht. Die Zimmer zur Straße sollte man meiden.

Komodor: Masarykow put 5, Lapad, Tel. 020/43 73 01, Fax 020/43 74 01, www.hoteli-maestral.com, DZ um 900 Kn.
Im Vorort Lapad, drei Sterne, kein eigener Strand, aber renoviert. Die Nachbarhotels (jeweils mit Strand) stehen unter gleichem Management, sind aber teurer.

Excelsior: Put F. Supila 12, Richtung Ploče, Tel. 020/41 42 22, Fax 020/41 42 14, www.hotel-excelsior.hr, DZ um 2000 Kn.
5-Sterne-Luxus mit Blick auf die Altstadt, eigene Bademole, Hallenbad und (äußerst lobenswert) Frühstück ab 6 Uhr. Der Eingang liegt hoch oben unterm Dach, mit dem Lift geht es dann hinunter zu den Zimmern und den Hoteleinrichtungen.

The Pucić Palace: Od Puća 1, Tel. 020/32 62 00, Fax 020/32 62 23, www.thepucicpalace.com, DZ um 3500 Kn.
Ein Hoteltraum im Herzen der Altstadt; perfekt gestaltet und mit bestem Service; nur 19 exquisit möblierte Zimmer bzw. Suiten, daher sollte man zeitig reservieren.

Prijeko-Gasse: Parallel zur Placa verläuft nördlich eine echte

›Fressgasse‹, in der sich ein Restaurant ans nächste reiht. Das quirlige Ambiente ist vor allem bei Bustouristen beliebt, die nach dem Stadtrundgang Stärkung suchen: Čevapčići, Pizza und Hamburger werden immer gern geordert.
Pizzeria Castro: Gundulićeva poljana 5 (nahe Hotel Kamenice),
Pizza um 30 Kn.
Sympathisches Personal, das leckere Riesenpizzas bringt.
Ekvinocijo: Ilije Srake 10, Tel. 020/42 06 26, Hauptgericht um 45 Kn.
Naturkost und Spezialitäten unter freiem Himmel im alten Viertel hinter dem Dom an der Stadtmauer. Klein, aber fein.
Kamenice: Gundulićeva poljana 8, Tel. 020/43 21 49, 1 Auster um 7 Kn.
Hier gibt's schon früh am Morgen die frischesten Austern der Stadt, direkt aus Ston angeliefert.
Defne: Ul. od Puća, Tel. 020/32 62 00, Hauptgerichte um 140 Kn.
Das Restaurant des Pucić Palace serviert die Küche des östlichen Mittelmeeres. Auf der Karte steht ›Pyramiden-Lamm‹ oder die ›Favoritin des Sultans‹. Hinter den fantasievollen Namen verbirgt sich raffinierte Küche mit einem Hauch von 1001 Nacht. Das luxuriöse Ambiente macht den Genuss perfekt.

Flughafen: 22 km außerhalb bei Čilipi, Tel. 020/77 32 32.
Innerkroatische Flüge und Charter nach Mitteleuropa.
Busbahnhof: Put Republike 19, Tel. 020/35 70 88.
Direktverbindungen in alle größeren Städte des Landes und nach Mostar, Ljubljana, Sarajevo, Triest, Zürich und Frankfurt/M.
Fähren: Jadrolinija, Obala S. Radića 40, Tel. 020/41 80 00, Fax 020/41 81 11.
Hafenamt: Tel. 020/41 89 88.
Mietwagen
Avis: V. Nazora 9, Tel. 020/42 20 43, avis-midium@du.hinet.hr.
Corida: Gruška obala 2, Tel. 020/41 96 57; auch Motorroller.
Hertz: F. Supila 5, Tel. 020/42 50 00, hertz-anterra@zg.tel.hr.

Ziele in der Umgebung

Elaphitische Inseln: s. Lopud & Šipan, S. 66.

Dugi Otok (B/C 6/7)

Das mit Macchia und Pinien bewachsene Dugi Otok ist, wie der Name ›Lange Insel‹ besagt, sehr schmal und sehr lang. Die Insel mit ihren 2900 Einwohnern und 114 km² Fläche ist im Archipel Zadars nicht nur das größte, sondern sicherlich auch das ursprünglichste Eiland. Dies mag daran liegen, dass die Fähre von Zadar nicht besonders häufig fährt. Doch ist die Insel einen Besuch wert (s. Tour 2, S. 111), besonders, weil sie direkt an den Nationalpark der Kornaten anschließt und in dieser Gegend selbst eine geschützte Zone besitzt: PP Telašćica, eine lang gestreckte Bucht, die ihrer gegliederten Küste wegen bei Seglern als Ankerplatz beliebt ist. Ein Unikum von Telašćica ist der Silbersee, ein Brackwasser-See, auf der einen Seite von grünen Hügeln begrenzt, auf der anderen Seite von steil abfallenden Klippen. Man kann ihn per Bootsausflug erreichen oder mit dem Auto zum Parkplatz fahren und von dort in 30 Min. zu Fuß hinwandern. Restaurants sorgen fürs leibliche Wohl. Folgt man der Inselstraße, eröffnen sich atemberaubende Ausblicke auf die Nachbareilande, die wie weiß-türkise Kleckse in der Adria liegen.

Sport & Strände

Baden: Die Landspitze beim Leuchtturm von Veli Rat säumt ein schöner Kies- und Felsstrand mit weißem Stein und blauem Kristallwasser. Auf einem Feldweg zwischen Veli Rat und Soline kommt man zum Strand von Sakarum mit Sandabschnitten (der allerdings immer erst im Juni von Schulkindern gereinigt wird und vorsaisonal wenig einladend ist).

Tauchschulen

Kornati Diver: Zaglav, Tel. 023/37 71 67, Mobil-Tel. 098 169 31 07, kornati-diver@zd.tel.hr, www.kornati-diver.com.

im Hotel Sali: s. u., Tel. 023/37 70 79, Fax 023/37 70 78, L.Weiss-Tauchtechnik@t-online.de.

im Hotel Božava: s. u., Tel. 023/37 76 19, Fax 023/37 76 82.

Turistička zajednica: Dugi Otok, Sali, Tel./Fax 023/37 70 94.

Privatzimmer vermittelt (unter anderen) auch das Restaurant Flipper am Fährhafen Zaglav (s. u.).

Gorgonia Apartments: Verunić, Tel. 023/37 81 53, Fax 023/37 71 54, gorgonia@zadarnet.hr, Preise auf Anfrage.

Ferienwohnungen am Ende des kleinen Ortes nahe bei Veli Rat, direkt am Wasser.

Hotel Sali: Sali, Tel. 023/37 70 49, Fax 023/37 70 78, www.hotel-sali.hr, DZ um 500 Kn.

Ferienhotel, schön und ruhig in einem Pinienhain am Meer.

Hotel Božava: Božava, Tel. 023/29 12 91, Fax 023/37 76 82, www.bozava@zadar.net, DZ um 630 Kn.

Das moderne 300-Betten-Hotel liegt direkt am Meer; Baden von aufgeschütteter Plattform.

Flipper: Zaglav, Mob. 098 44 98 30, Hauptgericht um 40 Kn.

Gute Küche am Fährhafen unter deutscher Leitung.

Tamaris: Sali, Tel. 023/37 73 77, Hauptgericht um 45 Kn.

Frischer Fisch auf einer schmalen Terrasse an der Uferpromenade.

Fähren: Über Verbindungen von Zaglav und Brbinj nach Zadar informiert Jadrolinija/Zadar, Tel. 023/21 20 03, www.jadrolinija.hr.

Highlight 4

Hvar (F/H 9)

Bekannter noch als die Nachbarinsel Brač, lebt Hvar seit langer Zeit vom Tourismus. Zu einem mehrwöchigen Urlaub laden große Hotelanlagen, hübsche Hafenstädtchen, viel Natur, landschaftliche Schönheit und ein mildes Klima, da Hvar durch den Sperrgürtel der hohen Berge Bračs vor der Bura geschützt wird. Durchschnittlich scheint die Sonne 2718 Stunden pro Jahr. Kommt man von Drvenik mit der Fähre in Sućuraj an und durchfährt die 300 km² große und 12 000 Einwohner zählende Insel, passiert man zuerst den wenig besiedelten Osten und erriecht und ersieht sich die Berühmtheit der Insel: Lila leuchtet der Lavendel im Juni auf den vielen kleinen, mit Steinmauern gesäumten Feldern, schwer liegt der Duft der Pflanze über der Landschaft (s. Tour 3, S. 113). Einst lebte die ganze Insel vom Export der ätherischen Öle, heute, nach schweren Waldbränden, die viele der Jahrzehnte alten Pflanzen zerstört haben, und nicht

Treffpunkt für die ganze Insel: der Hauptplatz von Hvar

zuletzt wegen der Schwere der Arbeit (100 kg Lavendelblüten ergeben 1 l Öl), bestellen nur noch wenige Bauern die Felder.

Sehenswert

Hvar-Ort: Der lang gestreckte Hauptplatz wird auf einer Schmalseite vom Hafen, auf der anderen von der dreischiffigen Basilika Sv. Stjepan und dem Bischofspalast begrenzt. Die Loggia und der Uhrturm am Hafen gehörten einst zu einem Palast, sind aber heute ins Hotel Palace integriert. Ihm gegenüber befindet sich das Arsenal, wo Hvar wie alle von Venedig abhängigen Städte ein Kriegsschiff für den Verteidigungsfall zu lagern hatte. Die Hvarer bauten 1612 dem Schiffslagerhaus ein kleines Schauspielhaus aufs Dach und hatten damit das älteste Theater Südeuropas errichtet. Noch heute finden darin Theatervorstellungen statt. Ein kurzer Spaziergang führt durch die Altstadt hinauf zur 1557 erbauten ›spanischen‹ Burg Španjola mit fantastischer Aussicht über die Stadt.

Stari Grad: Älter als Hvar ist die Siedlung Stari Grad, ein Stück nordöstlich und sehr idyllisch eine tiefe, schmale Bucht umschlingend. Alte Steinhäuser, schmale, ruhige Gassen, ein römisches Ruinenfeld und gemütliche Kneipen machen das Städtchen besonders reizvoll. Seine bedeutendste Attraktion ist das **Schloss Stari Grad** (ganzjährig 10–13 und 17–19 Uhr, in der Hochsaison 8–13 und 17–21 Uhr, Eintritt 10 Kn). Es war der Sommersitz des bedeutenden kroatischen Dichters Petar Hektorović (1487–1572). Das Renaissance-Schlösschen birgt im Innenhof einen schönen Garten und einen gemauerten Teich voller Fische. Überall sind lateinische Inschriften angebracht wie »Oh, wie schön der Glaube und die Wirklichkeit sind!«.

Humac: Das ehemalige Schäferdorf liegt 350 m hoch und ca. 7 km entfernt von Jelsa; ein schöner Spazierweg und eine holprige Straße führen hinauf zu der im 17. Jh. gegründeten Siedlung,

Einstmals Sitz humanistischer Gelehrsamkeit: Schloss Stari Grad

die nun aber schon seit Jahren verlassen ist. In den wuchtigen Steinhäusern mit der offenen Feuerstelle in der Mitte des Wohn-/Essraums mag heute niemand mehr leben, und so wurde aus dem verlassenen Dorf ein ›ethnografisches Denkmal‹. Besichtigt wird auch die zu Beginn des 20. Jh. errichtete Kirche Sv. Ivana i Pavla, die am 26. Juni, am Festtag der Heiligen, Ziel frommer Prozessionen ist. Ein Restaurant sorgt mit Fleisch vom Grill für das körperliche Wohl der Humac-Pilger (Konoba Humac, Mobil-Tel. 091 523 94 63).

Grapčeva špilja: Juni–Sept. Mo, Mi und Sa 9 Uhr ab dem Restaurant Humac, 20 Kn pro Person, Sonderführungen unter Mobil-Tel. 091 523 94 63, 150 Kn pro Führung.
Die Höhle bei Humac wurde schon vor 7000 Jahren als Kultstätte genutzt, wie Funde belegen. In 25 Min. geht die geführte Wanderung zum Eingang.

Vrboska: Die Renaissance-Kirche Sv. Marija ist wegen ihrer Festungsarchitektur sehenswert – sie sollte die Bucht auch vor Piraten schützen.

Benediktinerinnen-Kloster:
Hvar-Ort, Vl. Dinko Kovačević,
tgl. 10–12 und 16–19 Uhr.
Das Kloster zeigt eine Ausstellung religiöser Kunst und Spitzen.

Franziskaner-Kloster:
Hvar-Ort, Stadtteil Lučica,
Mo–Sa 9–12 und 17–19 Uhr.
Hinter Klostermauern eine Kunstsammlung und ein botanischer Garten.

Bischofspalast:
Hvar-Ort, Trg Sv. Stjepana,
Mo–Sa 9–12 und 17–19 Uhr, 10 Kn.
Hier wird eine ebenfalls wertvolle Sammlung sakraler Kunst gehütet.

Arsenal: Hvar-Ort, Trg Sv. Stjepana, 10–12 und 17–19 Uhr, Eintritt frei.
Zeitgenössische Kunst in einer Galerie im 1. Stock.

Vrboska muzej (Fischereimuseum): im Örtchen Vrboska, unregelmäßige Öffnungszeiten (meist 9–12 und 19–21 Uhr), 10 Kn.
Handwerkszeug, historische Fotos und Karten.

Sport & Strände

Baden: Bei Gdinj führt eine 4 km lange Teerstraße hinunter zu mehreren netten, kleinen Buchten mit Ferienhäuschen und Kiesstränden. Alle Hotels haben ihre eigene Strandanlage, meist mit Kies, wenige mit Sandabschnitten. Die Bewohner von Hvar bevorzugen die ›Weiße Bucht‹ hinter der Hotelzone von Križni Rat im Osten der Stadt. Ein schöner Feinkiesstrand ist der Grebišža-Strand beim gleichnamigen Zeltplatz bei Jelsa; als Tipp für die Jugend gelten die Strände Zavaće und Dubovica an der Straße von Hvar nach Stari Grad.

Tauchen: Laguna Lozna, Mobil-Tel. 091 517 99 67, lozna@noet.at.
Die Tauchbasis findet sich abgeschieden nördlich von Hvar-Ort; u. a. Wrack- und Höhlentauchen.

Archäologie: Altertums-Begeisterte können alljährlich an einer Archäologischen Sommerschule in Stari Grad teilnehmen (Juli/August, Anmeldung unter Tel. 021/76 59 10 bei Aldo Čavić).

Wandern: Eine schöne Wanderung führt von Hvar-Ort entlang der Küste bis zur Ortschaft Sv. Nedjelja (ca. 2 Std.). Man nimmt die neue Straße Richtung Tunnel, bei den letzten Häusern auf der rechten Seite beginnt der Pfad – ›Zickenweg‹ genannt – über Milna und von dort entweder hoch nach M. Grablje oder weiter am Meer über Zaraće und Dubovica.

Einkaufen

Lavendelöl ist das Souvenir der Insel, fast überall wird es angeboten. Günstiger zu kaufen ist es ein Stück weit weg von den Hotels oder im Inselinneren, z. B. bei Tomo Milatič zwischen Policija und Jelsa im Weiler Zagradača (Mobil-Tel. 091 565 56 70). Auch der **Honig** ist wegen des Lavendelaromas eine Besonderheit.

Spitzen: Im Benediktinerinnen-Kloster in Hvar-Ort werden einzigartige Spitzenarbeiten aus Agavenfasern gefertigt (mit über 100 € muss man für ein 20 auf 20 cm großes Teil rechnen).

Backwaren: In Stari Grad kann man in der Metzgerei ›Sunce‹, Riva 1, selbst gebackenen Pfefferkuchen *(paprenjak)* erwerben.

Wein: Viele Winzer auf Hvar keltern hervorragenden Wein. Preisgekrönte edle Tropfen kann man in der Kellerei Plenković in Sv. Nedjelja verkosten und kaufen. Berühmt sind der weiße *Zlatan Otok* und der rote *Zlatan Plavac*. Voranmeldung unter Tel. 021/74 57 25, Infos im Netz unter www.zlatanotok.hr.

Ausgehen

Die Jugend trifft sich unter anderem im **Caffé Aloha** am Hafen von Hvar-Ort beim Hotel Adriatic, Tel. 021/74 10 74, bevor sie in die Discos zieht. Mehrere stehen zur Wahl: **Veneranda** im säkularisierten Kloster zwischen den Hotels Delfin und Amfora (Juni–Sept. tgl. ab 23 Uhr), **Španjola** auf der Burg über der Stadt (Juni–Sept. nur Fr und Sa ab 23 Uhr) und der Techno-Schuppen **Atlantida.**

Turistička zajednica:
Hvar-Ort: Arsenal, Tel./Fax 021/74 10 59, www.hvar.hr.
Stari Grad: Hafen, Tel./Fax 021/76 57 63, tzg-stari-grad@st.tel.hr.
Jelsa: Hafen, Tel. 021/76 10 17, Fax 021/76 19 18, tzg-jelsa@st.tel.hr.

… Hvar-Ort

Podstine: Zagebačka 13, Tel. 021/74 11 18, Fax 021/74 18 99, www.podstine.com, DZ um 600 Kn.
Das kleine Privathotel liegt an einer Bucht im Westen des Hotels Amfora und ist nur über einen Tunnel vom Hotel Sirena aus zu erreichen. Eigene Bademole, terrassierter Garten, sehr ruhig gelegen, engagierte Besitzer, gute Küche quer durch die dalmatinischen Spezialitäten und durch das, was das Meer vor dem Haus bietet.

Amfora: Stadtteil Zastup, Tel. 021/74 12 02, Fax 021/74 17 11, www.suncanihvar.hr, DZ um 900 Kn.
Betonbau aus sozialistischer Zeit; Hallenbad mit Meerwasser, Kegelbahn, Läden, eigener Strand.

Palace: Trg Sv. Stjepana, Tel. 021/74 19 66, Fax 021/74 24 20, www.suncanihvar.hr, DZ um 900 Kn.
Drei-Sterne-Hotel am Hauptplatz in teils historischen Gemäuern. Mit kleinem Hallen-Pool und verblichenem Charme.

Adriatic: Tel. 021/74 10 24, Fax 021/74 28 66, www.suncanihvar.hr, DZ mit HP um 1000 Kn.
Sympathisches, komfortables Haus am Hafenbecken, großer Pool (im Winter Hallenbad) auf dem Dach; hübsche Frühstücksterrasse.

… Jelsa

Mina: Tel. 021/76 11 22, Fax 021/76 18 11, www.hoteli-jelsa.hr, DZ um 500 Kn.
Außerhalb in einem Pinienwald gelegenes Standard-Drei-Sterne-Hotel mit Tennisplätzen und Strand.

Fontana: Tel. 021/76 11 28, Fax 021/76 18 10, www.hoteli-jelsa.hr, DZ um 500 Kn.
Einfacher Standard, aber schön am Meer gelegen.

... Hvar-Ort

Maconda: Ulica Petra Hektorovića, Tel. 021/74 18 51, Hauptgericht um 45 Kn.
Neben den dalmatinischen Standards auch mal Unüblicheres wie gefüllte Paprika.

Konoba Menego: Vl. Dinko Kovačević, Tel. 021/74 20 36, Hauptgericht um 55 Kn.
Kleine Konoba mit Terrasse auf dem Weg zur Burg. Erklärtes Ziel: alte Rezepte wie Strudel mit Sardellen, Tomaten und Zwiebeln *(pogača)* nicht in Vergessenheit geraten zu lassen.

... Stari Grad

Kod Barba Luka: Trg Tvrdalj, Tel. 021/76 52 06, Hauptgericht um 60 Kn.
Angesehenes À-la-carte-Restaurant beim Schlösschen des Hektorović.

Antika: Tel. 021/76 54 79.
Nettes Restaurant in der Altstadt; Spezialitäten sind Hai in Dillsauce und Thunfisch in Kapern und Weißwein: delikat und mit ca. 60 Kn nicht zu teuer!

... Jelsa

Taverna Arsenal: Arsenal, Tel. 021/76 20 00, Hauptgericht um 45 Kn.
Fisch und Fleisch in ehemaliger Weinkellerei.

Konoba Frina: Tel. 021/76 10 74, Hauptgericht um 60 Kn.
Freundliche Konoba mit exzellenten dalmatinischen Gerichten (Mangold mit Knoblauch!) und stets frischem Fisch.

... außerhalb

Konoba Bolat: bei Zaglav, 6 km von Bogomolje, Tel. 021/77 70 03, nur Juni bis Sept., Hauptgericht um 50 Kn.
Traditionelle Küche in einer alten Schäferei am Wegesrand. Man sitzt nett vor den kleinen Natursteinhäuschen.

Der Kräutermann von Hvar

Er heißt Mijoško Bartulović, doch eigentlich kennen ihn alle nur als Kräutermann, als den ›Verrückten‹, der in den Wiesen und Feldern herumklettert, um Touristen die Kräuter zu erklären, die mit ihrem aromatischen Duft ganz Hvar einhüllen. Mijoško bietet Wandertouren und Kräuterkurse an, spricht fließend Deutsch, benennt seine Pflanzen in drei bis vier Sprachen und liefert auch gleich ein paar Heilanwendungen und Rezepte hinterher. Nur etwas Geduld muss man mit ihm haben, er weiß einfach zu viel. Die Touren kann man über das Hotel Fontana in Jelsa (S. 58) buchen.

Restaurant Humac: Humac, 8 km vor Jelsa, Mobil-Tel. 091 523 94 63.
Einfache, bäuerliche Küche in ehemaligem Schäferdorf, besonders erfrischend: der Sirup aus Anis und Salbei.

Vidikovac-Levanda: Velo Grablje, 10 km vor Hvar, Mobil-Tel. 099 47 89 65.
Am Pass zwischen Stari Grad und Hvar mit freier Sicht auf beide Seiten der Insel. Spezialität des Hauses ist die *peka,* Lamm unter der Glocke (um 60 Kn).

Motorroller und **Fahrräder** kann man in Hvar-Ort an der Kirche Sv. Stjepan am Hauptplatz mieten (mehrere Anbieter haben dort Tafeln aufgestellt). In Jelsa werden Fahrräder bei der Touristeninformation verliehen.

Fähren: Jadrolinija, Hvar-Ort, Tel. 021/74 11 32 oder Stari Grad, Tel. 021/76 50 48 (Hvar-Ort und Stari Grad sind mit Split, Sućuraj mit Drvenik verbunden).

Hafenämter: Hvar-Ort, Tel. 021/74 10 07; Jelsa, Tel. 021/76 10 55; Stari Grad, Tel. 021/76 50 60.

Kaštelanska Riviera (F 8)

Um die Wende vom 19. zum 20. Jh. war die Kaštelanska Riviera eines der Lieblingsreiseziele des europäischen Adels; dann setzte das sozialistische Jugoslawien gnadenlos auf Industrialisierung und verpasste der idyllischen Bucht mit ihren alten Wehrburgen und schattigen Parks Chemie- und Zementfarbriken als Kulisse. Kein Wunder, dass die Riviera, an der heute 35 000 Menschen leben, von der touristischen Landkarte verschwand. Nun aber ist sie wieder da; es wird saniert, und mit EU-Hilfe soll an Stelle der Fabrikruinen schon bald eine schmucke Marina entstehen.

Zwischen Trogir im Westen und Split im Osten wird die Küste vom Gebirgszug des Kozjak überragt; im 15./16. Jh. errichteten adelige Familien aus Split und Trogir an der Küste sieben Kastelle, in denen die Bevölkerung Schutz vor den türkischen Attacken suchen konnte. Diese sieben *kašteli* bilden heute den Kern moderner Siedlungen; im Grunde ist die ganze Riviera inzwischen ein Vorort von Split. Von der Schnellstraße Trogir–Split aus ist der Reiz dieser Küste nicht zu erahnen; an der Meerespromenade fühlt man sich aber in vergangene Zeiten versetzt.

Sehenswert

Kaštel Lukičić: Das mittlere der sieben Kastelle wurde 1564 von der Trogirer Adelsfamilie Vitturi errichtet. Eine Zugbrücke führt hinein in den hübschen Renaissance-Innenhof des Schlosses, in dem heute ein kleines Museum und die Touristeninformation der Kaštelanska Riviera residieren.

Kaštel Gomilica: Die beinahe zierliche Festung auf einem Felsen im Meer verdankt ihren Bau den Benediktinerinnen aus Split; sie hatten bereits im 12. Jh. die romanische Kirche Sv. Kuzma i Damjan errichtet und damit das Dorf Kozice gegründet. Als die Türkenüberfälle zunahmen, ließen die Nonnen 1545 das Kastell erbauen, dessen hoher Wehrturm die hölzerne Zugbrücke hinüber zum Festland überwacht.

Kaštel Suđurac: 1392 gab Bischof Andrija Gualdo einen Wehrturm in Auftrag, der heute den Kern des Kastells bildet. 1488 wurde eine Sommerresidenz für die Spliter Bischöfe danebengesetzt und schließlich das Anwesen mit Mauern befestigt. Gotische Palastarchitektur und die Strenge der Wehranlagen bilden einen reizvollen Kontrast.

Die anderen Kastelle: Kaštel Novi (Neues Kastell), Kaštel Stari (Altes Kastell), Kambelovac und Štafilić heißen die übrigen vier Siedlungen bzw. Befestigungsanlagen an der Riviera. Kaštel Štafilić ist stolz auf seinen 1500 Jahre alten Olivenbaum. Zwischen den Orten liegen schattige Parks (besonders um Kaštel Lukčić); Felsabschnitte wechseln mit Sand- und Kiesbuchten ab.

Sport & Strände

Wandern und Radfahren: Zwischen Kaštel Štafilić und Kaštel Gomilica (etwa 7 km) führt eine schattige Uferstraße am Meer entlang; nach Kaštel Suđurac muss man die letzten 2 km auf die Kaštelanska cesta ausweichen. Mehrere gut markierte Wanderwege führen von der Riviera auf den 779 m hohen Kozjak; eine Skizze der Wanderwege gibt's beim Touristenbüro.

Baden: Strände mit Kies, teils auch Sand, entlang der gesamten Riviera. Wegen der Nähe zum Spliter Hafen meidet man besser die östlichsten Badebuchten.

Turistička zajednica: Dvorac Vitturi, Kaštel Lukičić, Tel./Fax 021/22 79 33, www.dalmacija.net/kastela.htm.

Kastel: Uz. Sv. Ivana 8, Kaštel Lukičić, Tel. 021/22 84 55, Fax 021/22 80 99, www.hotelkastel.com, DZ um 350 Kn.
Hotel-Restaurant im Ort; der Strand ist ein paar Minuten entfernt.
Resnik: Kaštel Štafilić bb, Tel. 021/79 80 01, Fax 021/89 51 52, DZ um 400 Kn.
Große Ferienanlage mit Zimmern, Apartments und breitem Sportangebot.
Palace: Obala Kralja Tomislava 82, Kaštel Stari, Tel. 021/20 62 22, Fax 021/23 08 42, DZ um 420 Kn.
Das Haus besteht aus dem alten Kurhotel Palace und einem 1970er-Anbau; die meisten Zimmer sind renoviert, der Rest bräuchte dringend ein Facelifting; wunderhübsch in dichtem Grün gelegen, hoteleigener Strand.
Villa Žarko: Obala Kralja Tomislava 7°, Kaštel Lukičić, Tel. 021/22 81 60, Fax 021/22 81 41, www.villa-zarko.com, DZ um 420 Kn.
Das freundliche Mittelklassehotel steht unter privater Leitung; 12 nett eingerichtete Zimmer.

Giričić: Kaštel Gomilica, Tel. 021/22 02 21, Hauptgericht um 35 Kn.
Beliebtes Restaurant mit guter Fischküche.
Kastel: s. Hotels, Hauptgericht um 40 Kn.
Dalmatinische Küche auf hübscher Terrasse.

Busverbindung nach Split und Trogir alle 30 Min.

5

Highlight

Korčula (F/H 10)

Korčula ist eine grüne, stark gegliederte Insel, viele verschwiegene Badebuchten sind nur mit dem Boot zu erreichen. Sie misst 270 km² bei 45 km Länge und einer Breite von nur 5 bis 8 km und hat 17 000 Einwohner. 60 % der Insel sind mit Wald und Macchia bedeckt, dazwischen sind wieder viele Weinreben zu finden. Unter Tito kam die Winzerei fast zum Erliegen, doch seit der Unabhängigkeit haben sich viele auf dieses Erbe besonnen und kultivieren vorzügliche Weine. Auch der Olivenanbau wurde wieder aufgenommen und ist so erfolgreich, dass Korčula sich damit selbst versorgen kann. Wie in früheren Jahrhunderten spielt der Schiffsbau eine wichtige Rolle in der Wirtschaft: Rettungsboote aus feuerhemmenden Kunststoffen werden mit neuesten Technologien ausgestattet. So erfolgreich sind die Schiffsbauer, dass auf Anweisung des Germanischen Lloyd Bohrinseln und Supertanker mit diesen Geräten ausgerüstet werden.

Venedig, zu deren Einflussbereich Korčula über lange Zeit gehörte, hat im Städtchen Korčula tiefe und positive Spuren hinterlassen. Wie eine Puppenstube wirken die in der Dimension nicht großen, dafür in Ästhetik und Qualität hervorragenden historischen Gebäude. Allgegenwärtig ist der Einfluss des großen Nachbarn – allerdings hatte man selbst auch was zu bieten: Marco Polo zum Beispiel, der große Weltreisende, stammt aus Korčula (wenn auch einige Unwillige – natürlich aus Venedig – dies bestreiten).

Sehenswert

Wichtigster Anlaufpunkt in Korčula-Ort ist der Platz **Trg Sv. Marka,** hier finden sich die bedeutendsten Gebäude und Museen.

Katedrala Sveti Marko: Der hiesige Markus-Dom stammt aus dem 15. Jh. Durch das spätgotische Hauptportal betritt man die dreischiffige Kirche, deren Altar mit einem frühen Tintoretto (um 1550) aufwartet. Weitere Gemälde, wenn schon nicht vom Meister, werden doch zumindest seiner Schule zugerechnet. Moderne Plastiken von Ivan Meštrović kontrastieren mit den spätgotischen Bildhauerarbeiten des von der Insel gebürtigen Marko Andrejić, der im 15. Jh. u. a. das Zimborium über dem Altar geschaffen hat.

Opatski dvor (Bischofspalast): Beim Neubau 1876–80 wurden Teile der alten Fassade erhalten. Korčula war schon im 14. Jh. Bischofssitz (das Bistum wurde erst 1828 eingestellt). Im ersten Stock sind heute die Abteischatzkammer der Kathedrale und eine ganze Reihe auch modernerer Kunstwerke zu sehen.

Opatska Riznica (Schatzkammer von Sv. Marko): im Bischofspalast, Korčula-Ort, im Sommer tgl. 9–13 und 16–19 Uhr, Winter 9–13 Uhr.
Unter den Exponaten finden sich eine wunderbare Portraitstudie von Carpaccio und mehrere Werke Tiepolos.

Adelspaläste: Gegenüber dem Kathedralenportal steht der **Gabrielli-Palais** im Renaissancestil, das in der Fassade (Balkon, Fensterrahmen und Gebäudeecken) noch viele Familienwappen aufweist. Der Palast beherbergt das Stadtmuseum (s. u.). Neben ihm steht das **Arneri-Palais** in prächtigem Barock und mit einem hübschen Innenhof. An der breiten, geschwungenen Treppe am Westeingang zur Stadt stand einst das Hafentor. In der schönen Loggia nebenan residiert die engagierte Touristeninformation. Das zweite Tor der Stadt existiert noch, das Landtor im Südwesten.

Gradski muzej (Stadtmuseum): Palača Gabrielli, Mo–Sa 9–13 und 17–19 Uhr, im Winter 9–13 Uhr, Eintritt 15 Kn.
Archäologische Funde und Ausstellungen zur Stadtgeschichte und zur Tradition der örtlichen Steinmetze. Sie genießen einen hervorragenden Ruf und haben auf Wunsch der Denkmalpfleger Dubrovniks bei der Behebung der Schäden des letzten Krieges mitgewirkt.

Lindenallee in Blato: Im Juni, dem Blütemonat der Linden, lohnt eine Fahrt nach Blato. Die kilometerlange Lindenallee verströmt dann einen betörenden Duft.

Zbirka ikona (Ikonen-Museum): Trg Svih Sveti, Korčula-Ort, Juli–Aug. 10–12 und 17–19 Uhr (sonst nach Vereinbarung), Eintritt 15 Kn.

Glavica Sv. Antuna: etwas außerhalb Richtung Lumbarda.
Eine Kapelle auf einem Hügel, der über 101 Stufen erklommen werden muss. Die Treppe wird durch eine Allee von Zypressen flankiert, die 1707 gepflanzt wurden.

Sport & Strände

Baden: Eine herrliche Badebucht mit Kies an der Südseite befindet sich bei Pupnatska Luka. Bei Lumbarda gibt es zwei in der Saison überlaufene Buchten mit Sandstrand. Mit dem Boot kann man kleine Buchten erreichen, wo man mehr oder weniger alleine ist.

Wie Münchhausen: auf der Stadtbastion von Korčula

Surfen: Korčula profitiert von den sicheren Windverhältnissen im Kanal zwischen Korčula und Pelješac, die viele Windsurfer anziehen.

Wandern: Die Touristeninformation Korčula hat eine Skizze mit Wanderwegen für die Nordosthälfte der Insel herausgegeben; kulturelle und Natur-Sehenswürdigkeiten sind mit Symbolen markiert.

Einkaufen

Bačva: Korčula, Biline bb.
Zwei Spezialitäten werden auf Korčula gekeltert: *Grk* und *Pošip* sind beides Dessertweine, die hier auch zu erwerben sind.

Cukarin: Korčula, Hrvatske Bratske Zajednice bb.
Auch wenn der Laden nicht so aussieht, hier gibt es selbst gemachtes Zuckerwerk und Kräuterschnaps.

Feste & Unterhaltung

Schwerttanz-Festival: Korčulas ›Spezialität‹ ist der Schwerttanz, der an die Kämpfe gegen die Osmanen erinnert. Das Schwerttanz-Festival findet alljährlich zwischen dem 4./5. Juli und dem 23. August statt. Fast täglich tanzt man

Fernsicht im Marco Polo-Haus

Heftige Dispute wurden und werden um den Weltreisenden Marco Polo und seinen Geburtsort geführt – war es Venedig oder war es doch Korčula? Unweit des Trg Sv. Marka in Korčula-Ort werden die Ruinen dessen gezeigt, was einst das Haus der Familie Polo gewesen sein soll. In einem Turm kann man hinaufsteigen und eine in der Tat zu Fernweh führende Fernsicht genießen. Marco soll hier zwar nicht gewohnt haben, angeblich wurde er aber in dem Haus geboren.

dann irgendwo auf der Insel (in Korčula, Blato, Žrnovo, Smokvica, Pupnat und Čara).

Kumpanjija: In Blato wird der Schwerttanz Kumpanjija (s. Abb. S. 18) auch am Tag des Stadtheiligen Sv. Vincenc (28. April) und zu Mariä Himmelfahrt (Vela Gospa) am 15. Aug. auf dem Hauptplatz gezeigt.

Marco-Polo-Fest: In der zweiten Juli-Hälfte feiert die Insel mit Wein und Gesang das Fest für den Weltreisenden; am 7. Sept. erinnert ein Umzug in traditionellen Gewändern an ihn.

Marko Polo Tours: Korčula-Ort, Biline 5, Tel. 020/71 54 00, Fax 020/71 58 00, marko-polo-tours@du.tel.hr.
Rundfahrten und Fischpicknicks. Vermittlung von Segeltörns mit einer modernen Yacht, auch mehrtägig, sowie Fahrten zum Nationalpark auf Mljet.

Turistička zajednica
Korčula: Korčula-Ort, Obala Vinka Paletina, Tel. 020/71 57 01, Fax 020/71 58 66, www.korcula.net.
Blato: Tel./Fax 020/85 18 50, tzo-blato@du.tel.hr.
Vela Luka: Tel. 020/81 36 19, tzo-vela-luka@du.tel.hr.

Zimmervermittlung: Korčula-Ort, Marko Polo Tours, Biline 5, Tel. 020/71 54 00, Fax 020/71 58 00, marko-polo-tours@du.tel.hr.

Omladinski Hotel Badija: otok Badija, Tel. 020/71 11 15.
Jugendherberge.

Park: Korčula-Ort, etwas außerhalb am Strand, Tel./Fax 020/72 60 04, DZ um 500 Kn.
Einfaches Haus im Grünen; Strandbucht.

Hotel Korčula: Korčula-Ort, Obala Vinka Paletina, Tel. 020/71 10 78, Fax 020/71 17 46, www.korcula.net, DZ um 700 Kn.
Drei-Sterne-Stadt-Hotel in einem schönen Haus mit Terrasse an der Uferpromenade am Rand der Altstadt.

Liburna: Korčula-Ort, 2 km östlich der Altstadt, Tel. 020/72 60 06, Fax 020/71 17 46, www.korcula.net, DZ um 700 Kn.
Angenehmes Ferienhotel der Mittelklasse, eigener Strand, großes Sportangebot.

… Korčula-Ort

Marinero: Ul. Marka Andrijića 13, Tel. 020/71 11 70, Pašticada um 45 Kn.
Freundliche Konoba mit exzellenten Fisch- und Fleischgerichten. Abends oft Klapa-Gesang.

Adio Mare: Ul. Sv. Roka, Tel. 020/71 12 53, Hauptgericht um 50 Kn.
Traditionelle Konoba, die landestypische Spezialitäten wie *ovčji sir* (Schafskäse), *pršut* (Schinken) und Garnelen

bietet. Unweit vom Haus der Polo-Familie gelegen.
Kanavalić: Kanavalić-Turm, Tel. 020/ 71 12 22, Hauptgericht um 60 Kn. Allerbeste Küche mit Fisch und Spezialitäten der Insel im Freien oder unter dem alten Tonnengewölbe des historischen Gemäuers. Sehr stimmungsvoll!

… außerhalb
Taverna Zlinje: Blato, Tel. 020/ 85 13 23, Hauptgericht um 45 Kn. Einfaches Lokal mit guter lokaler Küche.
Pod Bore: Vela Luka, Obala 2, Tel. 020/81 30 69, Hauptgericht um 50 Kn. Direkt am Hafen wird auch Spezielles wie Gemüsesuppe mit Anchovis oder Mangold mit kleinen Fischen serviert.
Grubinjac: Žrnovo, Tel. 020/ 71 14 10, Hauptgericht um 60 Kn. Konoba 3 km von Korčula Richtung Vela Luka am Hang, mit fantastischer Aussicht; Käse, Schinken, Spaghetti, Wein.

Rent a Đir: Tel. 020/71 51 20, Fax 020/71 19 08, www.zisagava.hr.
Vermietung von Autos, Rollern, Fahrrädern und Booten.
Fähre: Zwischen Ploče auf dem Festland und Trpanj auf Pelješac verkehrt eine Autofähre (Info: Jadrolinija/Ploče,

Traubenlese auf Korčula: auf der Insel werden vorzügliche Weine Produziert

Tel. 020/67 93 21). Von dort mit dem Auto über die Insel nach Orebić, wo die Fähre nach Korčula abgeht (Infos bei Jadrolinja/Korčula, Tel. 020/71 54 10). Der **Hafen** liegt bei Dominće, 3 km östlich von Korčula-Ort.

Highlight 6

Krka-Nationalpark (E 7)

Der Nacionalni Park Krka (nicht mit der Insel Krk im Norden Kroatiens zu verwechseln) erhielt seinen Status 1985 und umfasst 111 km² Fläche entlang dem gleichnamigen Fluss. Die Krka entspringt bei Knin und hat im Karst auf ihrem Lauf von 72 km bis zum Überschwemmungsgebiet bei Šibenik ein Gefälle von 242 m. Das kalkhaltige Wasser des Flusses hat über die Zeiten Terrassen, Schwellen und Vorhänge geschaffen, die grün überwuchert heute Touristen aus aller Welt anziehen (s. Tour 4, S. 115). Die wichtigsten Fälle sind die bei Skradin, dem Haupteingang zum Park. Dort kann man auf Holzplanken durch die dichte Vegetation oberhalb der Fälle spazieren und die Kühle suchen oder unter hohen Bäumen an den Fällen entlang zu ihrem unteren Bassin wandern und dort ein erfrischendes Bad nehmen.

Sehenswert

Bei Skradin dokumentiert ein kleines ethnografisches Museum die Nutzung der Fälle in früheren Jahren: In historischen Kostümen zeigen Müllerin und Müller die Getreidemühle.

Nacionalni Park Krka: Trg Ivana Pavla II br. 5, Šibenik, Tel. 020/21 77 20, Fax 020/33 68 36, www.npkrka.hr.

Man kann am Haupteingang parken. Wenn es nicht so voll ist, darf man mit dem Privatwagen hinein, sonst muss man den im Eintritt von 55 Kn (Hauptsaison) enthaltenen Shuttle-Bus benutzen.

Bootstouren: Vom Eingang Skradin fährt ein Schiff zu den Kaskaden **Skradinski buk,** diese Fahrt ist im Eintritt enthalten. Am Haupteingang geht oberhalb der Kaskaden mehrfach am Tag ein Schiff flussaufwärts. Die zweistündige Fahrt kostet 60 Kn, die vierstündige mit Besuch des Inselklosters Samostan Visovac 100 Kn. Die Fahrt endet bei Roški Slap, wo sich die nächste Kaskadenstufe befindet.

Ziele in der Umgebung

Autorundtour: Mit dem Auto kann man den Nationalpark auch umrunden. Die Fahrt beginnt in Skradin und führt beschildert über Dubravica, Visovac (das Kloster ist auf 2 km langem Abzweig zu besuchen; man muss warten, bis man mit einer Barke abgeholt wird, nur 9.30–11.30 und 15–17 Uhr), Rupe, Roški Slap (bei weiteren nicht sehr hohen Kaskaden, wo man über einen Damm die Krka quert), Širitovci, Visovac (ein weiterer Abzweig hinunter zum Kloster, besonders am Morgen kann man von hier aus sehr schön die Klosterinsel fotografieren, Fährdienst zur Insel 10, 11, 13, 14, 15 und 16 Uhr) und Pakovo Selo zurück nach Skradin (insgesamt 60 km, ca. 2 Std.).

Highlight 7

Lopud & Šipan

Unter den 14 Inselchen zwischen Dubrovnik und der Halbinsel Pelješac, die man auch **Elaphitische Inseln** nennt,

Hechtsprung ins Vergnügen: Baden vor den Krka-Fällen

sind Lopud und Šipan unbedingt einen Besuch wert.

Zum Baden eignet sich besonders **Lopud.** Beim Hotel Lopud kann man sich Fahrräder mieten und die kleine, dicht mit duftenden Büschen und schlanken Pinien bewachsene Insel erkunden. Beachtenswert ist die Ruine des Grand Hotel von 1936, das unter Denkmalschutz steht und in den nächsten Jahren wieder öffnen soll; die klaren Bauhaus-Linien bergen das Potenzial für viel Exklusivität. Ein Spaziergang (ca. 30 Min.) führt quer über die Insel zu einer für Dalmatien einzigartigen Bucht mit feinstem Sandstrand, Restaurants, Liegestuhlverleih sowie FKK-Abschnitt.

… Insel Šipan

Hotel Šipan: L. Šipanska, Tel. 020/75 80 00, Fax 020/75 80 04, www.sipanhotel.com, nur 15. Juni–1. Okt., DZ um 550 Kn.
Nett geführtes und hübsch eingerichtetes Ferienhotel unter privater Leitung direkt am Hafen des kleinen, verschlafenen Ortes.

... Insel Koločep
Vile Koločep: Tel. 020/75 70 25, www.nekretnine.org/hoteli/h-koloce.htm, DZ um 600 Kn.
Hübsche Ferienanlage in üppig grüner Umgebung; breites Wassersportangebot und gutes Restaurant.

... Insel Lopud
Konoba Barbara: am Weg zum Strand, Hauptgericht um 70 Kn.
Auf der großen Terrasse wird Fisch und Fleisch serviert; Hauptgericht um 50 Kn.
Restaurant Lopud: an der Hafenpromenade.
Beste Fischküche des Inselchens. Zusammen mit zwei Gourmetlokalen in Zagreb hat man einen Ruf zu verlieren!

... Insel Šipan
Konoba kod Marka: L. Šipanska, Tel. 020/75 80 07, Hauptgerichte um 70 Kn.
Im Sommer sind die kühlen Plätze auf der kleinen Mole heiß umkämpft (reservieren!), als Vorspeise Krevetten und als Hauptgericht Lammrücken bestellen. Die Hummer im Bassin werden nicht verspeist – das sind Haustiere, die man Ihnen mit Namen vorstellt.

Fähren mehrmals tgl. ab Dubrovnik.

Makarska (G 9)

›Küsten und Berge‹ lautet der Werbeslogan der modernen 12 000-Einwohner-Stadt am Fuße des wilden Biokovo-Gebirges (s. Tour 4, S. 115), das zum Naturschutzpark erklärt wurde. Und diese Verbindung zieht jedes Jahr die Touristen an: In der Hochsaison sind nicht nur die 4000 Hotelbetten ausgebucht, die Gäste haben auch den Weg in die 10 000 Betten in den Privatunterkünften der Region gefunden. Berühmt ist an der ganzen Küste das Nachtleben von Makarska. Bis in die frühen Morgenstunden kann man an der Uferpromenade Eis schlecken, Snacks essen oder Drinks kippen.

Sehenswert

Sehenswert ist sicherlich die Uferpromenade Marinetta in den Abendstunden, wenn die Jugend den Corso aufmischt; auch sonst gibt es in den Gassen nette Ecken zu entdecken. Doch ist Makarska kein Ort, in den man fährt, um sich zu bilden; man ist hier, um zu beachen und abends gut zu essen.
Muzej Riba i Rakova: Ulica Filipa Grabovca, tgl. 9–12 und 17–19 Uhr.
Kleines Privatmuseum, das sich der Fischwelt widmet.
Gradski muzej (Stadtmuseum): Obala kralja Tomislava, 17/I, Mo–Sa 9–14 Uhr.
Ausstellung zur Stadtgeschichte.
Malakološki muzej (Mollusken-Museum): Franjevački put 1, Mo–Sa 9–12, 18–20 Uhr.
Sehr gute Muschel- und Schneckensammlung.

Sport & Strände

Baden: An der Uferpromenade zieht sich der Stadtstrand Donja Luka entlang (Kies). Von Felsen springt man auf der Halbinsel Sv. Petar ins Wasser.
Tauchen: More Sub, gegenüber dem Hotel Dalmacija, Tel./Fax 021/61 17 27, www.tel.hr/milan.runtic.
Tauchausflüge zu den vorgelagerten Riffen und Höhlen; PADI-Ausbildung.
Wandern: Das Biokovo-Gebirge ist Teil des Höhenwanderweges Dalmacija (120 km, 7 Tage). Der Höhenwanderweg Biokovo (4 Tage) wird markiert vom Bergwanderverein HPD, Makars-

Beschaulicher Hafen Suđurađ auf der Insel Šipan

ka, Tel./Fax 61 64 55. Geführte Wanderungen ins Biokovo-Gebirge organisiert Biokovo Active Tours, Obala kralja Tomislava, Makarska, Tel. 021/61 16 88, Fax 021/61 53 52, www.biokovo.net.

Einkaufen

In dem kleinen **Kiosk Tinto** an der Jadranska verkauft Mirjana u. a. hübsche Kräutergebinde, deren Rohware im Biokovo-Gebirge gesammelt wurde.

Ausgehen

Kavana IVMA: Marinetta 3, Tel. 021/61 61 11.
Die beste Konditorei, wer am Abend Appetit auf Süßes hat, ist hier richtig.

Konoba Kala: Prvomyska Br. 3, Tel. 021/61 65 33.
Urige Gaststätte, wo man den Abend beim Kartenspiel an Sprelacarttischen mit einem Glas Wein verbringen kann.

Marinetta: Vor 24 Uhr ist in den Discos nichts los, da treibt sich die Jugend in den vielen Cafés der Uferpromenade zwischen dem Hauptplatz und ihrem Ende im Osten herum.

MAK/Opera: Šetalište fra Radića bb, Tel. 021/61 68 38. Disco.

Grota: Šetalište sv. Petra bb.

Disco in einer Grotte, die im Zweiten Weltkrieg von den Italienern gebaut wurde.

Feste & Unterhaltung

Makarsko kulturno ljeto (Kultursommer): 1. Juli bis 31. August, mit Theaterstücken, Konzerten (alles von Klassik bis Pop), Ausstellungen und Folklore.

Turistička zajednica: Makarska, Obala kralja Tomislava 16, Tel./Fax 021/61 20 02, www.makarska.com.

Park Biokovo: Makarska, Tina Ujevića 1/I, Tel./Fax 021/61 69 24, park-prirode-biokovo@st.tel.hr.

Makarska: Potok 2, Tel. 021/61 63 60, Fax 021/61 66 22, www.makarska-hotel.com, DZ um 420 Kn.
Modernes Privathotel beim historischen Zentrum; Restaurant.

Dalmacija: Kralja Krešimira IV bb, Tel. 021/61 57 77, Fax 021/61 22 11, www.hoteli-makarska.hr, DZ um 600 Kn.
Hochhaus am Strand, zentrumsnah.

Laurentum: Tučepi (4 km östlich von Makarska), Kraj 43, Tel. 021/60 59 00, Fax 021/60 59 02, www.hotellaurentum.com, DZ um 750 Kn.
Bestes Hotel der Region, sehr aufmerksam privat geführt und mit vier Sternen gekrönt.

Peškera: Šetalište Donja Luka bb, Tel. 021/61 30 28, Hauptgericht um 50 Kn.
Vermeintlich im Keller, beim Hinuntersteigen öffnet sich aber eine Terrasse. Bevorzugte Adresse für Familienfeierlichkeiten: Dann geht es hoch her, und das Lokal bebt vor Stimmung.

Susvid: Kačiećev Trg bb, Tel. 021/61 27 32, Hauptgericht um 65 Kn.
Derselbe Besitzer wie Peškera, aber mehr touristische Klientel am Hauptplatz.

Stari Mlin: Prvosvibanjska 43, Tel. 021/61 15 09.
In einer ehemaligen Ölmühle wird einfallsreich gekocht, nicht nur Kräuter aus dem Biokovo finden Verwendung, mit Gewürzen aus aller Welt wird hantiert, versuchen Sie die ›aromatischen Scampi‹ (um 70 Kn).

Jež: Petra Krešimira IV 90, Tel. 021/61 17 41, Fisch-Hauptgerichte um 70 Kn.
Gutes Fischlokal in formalem Ambiente und mit angenehmem Personal.

Konoba Opačac: Put Mlinica, Tel. 021/61 58 89, Peka um 65 Kn.
Hier dreht sich fast alles ums Lamm aus der Peka oder vom Grill.

Fähre: Mehrmals täglich per Fähre nach Sumartin auf Brač, Info über Jadrolinija/Makarska, Tel. 021/33 83 33.

Hafenamt: Tel. 021/61 19 77.

Ziele in der Umgebung

Biokovo-Gebirge: Mit dem Auto kann man zum höchsten Gipfel des Biokovo-Gebirges gelangen (Sv. Jure, 1762 m, Maut 15 Kn). Die Fahrt dauert etwa 1,5 Std. und geht größtenteils einspurig (mit Ausweichbuchten) und durch spitze Kehren an steilen Abgründen entlang. Die Ausblicke über die Küste aus 1000 m Höhe sind fantastisch, vom Gipfel sieht man über die Hochebene des Binnenlandes bis nach Herzegowina. Eine andere Panoramaroute führt zur Berghütte auf dem Vosać (1370 m) und von dort eine halbe Stunde zu Fuß zum Gipfel (1431 m). Von hier reicht der Blick bis nach Split.

8

Highlight

Mljet (H/J 11)

Mljet gehört zum Inselarchipel Süddalmatien und gilt als die ursprünglichste und grünste Insel ganz Kroatiens. 37 km lang und 3 km breit, hat Mljet eine Fläche von 128 km² und 1000 Einwohner. In der Mitte ragt der Veiliki Grad 514 m in die Höhe. Aleppo-Kiefern und Steineichenwälder bestimmen die Vegetation. War früher die Waldwirtschaft eine wesentliche Einkommensquelle der Bewohner, sind die Wälder nun geschützt. Zahlreiche endemische Pflanzen wie *Centaurea ragusina* (Flockenblume) konnten sich daher bis heute erhalten. Auf Mljet leben Marder, Wildkatzen, Siebenschläfer und – Mungos. Zu Beginn des 20. Jh. starben viele Menschen an Giftschlangenbissen, und man führte die Mungos zur Bekämpfung der Schlangenplage ein – mit Erfolg. Die Hornviper wurde praktisch ausgerottet.

Eine Besonderheit Mljets sind die beiden miteinander und mit dem Meer verbundenen Seen, der ›große‹ Veliko jezero und der ›kleine‹ Malo jezero, die innerhalb des Nationalparks von Mljet liegen. Das Wasser ist besonders salzhaltig, etwa 3 °C wärmer als das Meer, reich an Schwefelwasserstoff und wird als Mittel gegen Rheuma und Hautkrankheiten benutzt. Die Seen sind teils künstlichen Ursprungs und wurden bis ins 12. Jh. nur unterirdisch mit Wasser versorgt. Mönche, die auch das Kloster auf der kleinen Insel errichteten, schufen Kanäle und Brücken und damit den direkten Zugang zum Meer.

Sehenswert

Benediktinski samostan (Benediktiner-Kloster): Mitten im Veliko jezero des Nationalparks liegt ein Inselchen mit einem Kloster, das 1177 gegründet wurde. Wunderschön ist die im romanischen Stil gehaltene Kirche Sv. Marija, die im 15. und 16. Jh. zur Wehrkirche umgebaut wurde. Die Benediktiner waren auch die Feudalherren, bis Mljet im 15. Jh. an Dubrovnik/Ragusa fiel.

Turistička zajednica:
Mljet: Babino Polje, Tel./Fax 020/74 51 25.
Goveđari: Tel./Fax 020/74 40 86.
Nacionalni Park Mljet: Pristanište 2, Goveđari, Tel. 020/74 40 41, Fax 020/74 40 43, np-mljet@np-mljet.hr.

Hotel Odisej: National Park Mljet, Pomena, Tel. 020/77 90 22, Fax 020/75 90 26, www.hotelodisej.hr, DZ um 550 Kn.
Modernes Drei-Sterne-Hotel im Nationalpark am Hafen von Pomena mit Strand und allen erdenklichen Einrichtungen.
Soline 6: Soline, Tel. 020/74 40 24, www.soline6.com, Apartment um 800 Kn.
Die Apartmentanlage in Soline wurde unter streng ökologischen Gesichtspunkten errichtet und gilt als Pilotprojekt zur nachhaltigen touristischen Nutzung des Nationalparks. Sie liegt idyllisch zwischen Grün und Meer.

Maria's Inn: Prožurski porat, Tel. 020/74 61 13, Hauptgericht um 60 Kn.
Gutes Fischrestaurant mit eigener Pier.

Fähre: Sobra ist mindestens zweimal tgl. mit Dubrovnik verbunden; Info: Jadrolinija/Dubrovnik, Tel. 020/41 80 00.
Hafenamt: Sobra, Tel. 020/74 50 40.

Murter & Kornaten-Nationalpark (D 7 & C/D 7)

Murter ist das Sprungbrett für Ausflüge in die Inselwelt der Kornati-Inseln (s. Tour 2, S. 111) – sagen sich viele Yachtbesitzer, und im Sommer werden deshalb die Liegeplätze ausgesprochen rar, auch wenn eine Marina nach der anderen aufmacht. Das 2500-Einwohner-Örtchen scheint dann aus allen Nähten zu platzen. Und für einen weiteren Effekt sorgen die gut betuchten Segler: Das Preisniveau ist extrem hoch.

Doch ist man einmal auf dem Wasser, wird man sich nicht mehr ärgern, sondern im Wellenrhythmus eins werden mit den weißen Felsen, die aus dem smaragd- und türkisfarbenen Meer ragen. Das Wasser mag in ganz Dalmatien von höchster Güte sein, überall mag man bis tief auf den Grund blicken, doch speziell bei den Kornati besitzt die Adria eine Färbung, die ihresgleichen sucht.

Highlight 9

Nacionalni Park Kornati: Die Inselwelt der Kornati (oder Kornaten) erstreckt sich über eine Fläche von 250 km^2 und besteht aus etwa 100 bis 150 Inseln (je nachdem, was man noch als Insel gelten lassen will). 1980 wurde sie zum Nationalpark erklärt. Sie sind nur spärlich mit Gras und Macchia bewachsen, überall tritt der gleißend weiße Fels zu Tage oder zeigt sich als zusammengetragenes Gemäuer aus einer Zeit, als die Kornaten noch bewirtschaftet wurden. Die Unterwasserwelt ist wunderschön und zieht Taucher an, die Korallen und eine reiche Tierwelt zu sehen bekommen.

Kornat ist die mit Abstand größte der Inseln und schließt das Archipel wie ein Sperrriegel fast auf der gesamten Länge (25 km) zum Festland hin ab. Die Inselchen zur offenen Adria hin besitzen an ihrer Südwestseite steile Klippen, die dem Festland zugewandten Ufer sind wesentlich flacher. Mit ihren vielen Buchten und Durchfahrten sind die Inseln auch für Segler interessant.

Sport & Strände

Baden: Hübscher Feinkiesstrand beim Hotel Colentum in der Bucht von Slanica. Auch ein Strand an der Put Jersan Sabuni westlich vom Hauptplatz.

Aquanaut: Murter, Tel. 022/43 45 75, Fax 022/43 49 88, aquanautj@hi.hinet.hr.
Ganztägige Tauchausflüge mit einem Kutter in die Kornaten.

Bootstouren: Das Ausflugsziel von Murter sind natürlich die Kornaten. Mit dem Kutter geht es in großen Gruppen hinaus und durch die Inselwelt, mittags wird in einem der vielen Restaurants angehalten, zu denen die verlassenen Dörfer und Häuschen in der Zwischenzeit mutiert sind. Die Preise variieren je nach Dauer des Ausflugs, gebotenem Unterhaltungsprogramm und Größe der Gruppe. Z. B. organisiert Kapitän Tomislav Klarin auf seiner ›Tomiša‹ Ausflugstouren ins Kornatenarchipel: Mobil-Tel. 099 56 27 38.

Turistička zajednica: Murter-Kornati, Rudina bb, Murter, Tel. 022/43 49 95.
Nacionalni Park Kornati: Butina 2, Murter, Tel. 022/43 46 62, www.kornati.hr.

Colentum: Bucht von Slanica, Murter, Tel. 022/43 52 55, Fax 022/43 52 37, www.hotel

-colentum.hr, Ostern bis Mitte Okt., DZ um 750 Kn.
Italienischer Besitzer, sehr elegant, etwas abseits vom Rummel der Marinas, mit Kiefernwald und Strand.
Hotel Stomorin: Murter, Marina Hramina, Tel. 022/43 44 11, Fax 022/ 43 52 42, marina-hramina-murter@ si.hinet.hr, DZ um 800 Kn.
Im Marina-Bau 10 Zimmer mit Bad, hauptsächlich für Bootseigner, die ihre Schiffe ein- oder entmotten.
Häuser auf den Kornaten
Atlas: Murter, Ulica hrvatskih vladera 8, Tel. 022/43 40 17, Fax 022/ 43 49 99, atlas-sibenik@si.tel.hr.
Coronata: Murter, Žrtava ratova 17, Tel. 022/43 50 89, Fax 022/43 55 55, www.coronata.hr.
Kornatenhäuser haben auch Pauschalreiseveranstalter wie NUR oder RIVA-Tours im Programm.

Konoba Balari: Murter, Trg Rudina (außen kein Schild, aber man findet es schon), Vorspeisenplatte um 30 Kn. Käse mit Schinken oder Sardinen zu lokalem Wein. Wo die Murter Männer Karten klopfen.
Carevi Dvori: Obala Sv. Ivana 19, Jezera/Murter, Tel. 022/43 90 68, Hauptgericht um 70 Kn.
Ausgezeichnetes Fischlokal am Hafen.
TicTac: Hrokešina 5, Murter, Tel. 022/43 52 30, Hauptgericht um 75 Kn.
Bestes Lokal am Ort, man kann in der Gasse oder im ersten Stock sitzen und natürlich Fisch und Meeresfrüchte verspeisen (empfehlenswert sind die Muscheln!).

Anreise per Yacht: Man muss einen der zwei Eingänge zum Nationalpark benutzen und sich anmelden: Beide sind auf der Nordostseite, einmal zwischen den Inseln Katina und Kornat, der andere zwischen Kornat und V. Smokvica. Im Sommer sind die Kornaten heillos überfüllt, an den Ankerplätzen drängt sich Boot an Boot. Außerdem besitzen viele der Buchten inzwischen Restaurants, und

Als Robinson auf den Kornaten

Ursprünglich dienten sie den Fischern als Unterkunft und den Bauern als Schutz, wenn sie nach den Olivenbäumen schauten. Heute sind die alten, kleinen Steinhäuser auf den Kornateninseln eine einsame Ferienalternative zum quirligen Leben in den Küstenstädtchen. Manchen wird's zu einsam – tagelang nichts als Sonne, Wind, das Rauschen des Meeres und die eigene Stimme! Zweimal die Woche kommt ein Boot vorbei und hat alles an Bord, was man so braucht im Urlaub. Meist ist aber auch eine kleine Jolle mit Außenborder im Mietpreis eingeschlossen, und man kann damit – des Kochens einmal überdrüssig – eine der Inseln erreichen, auf denen in der Hochsaison improvisierte Restaurants und Discos die Pforten öffnen und wo scheinbar sämtliche Freizeitkapitäne Italiens vor Anker gehen. Es gibt abgeschieden gelegene Häuschen und welche in ehemaligen Dörfchen, so dass sich auch größere Gruppen zum Urlaub zusammenschließen können. Hartgesottene mieten ein Kanu, das dann die einzige Verbindung zur Außenwelt darstellt, sieht man einmal vom Handy ab: Das funktioniert auch auf den Kornaten! Vermieter: s. S. 111.

feuchtfröhlich gehen dort die Skipper das Diner an – entsprechend laut tönt es über die mondglitzernde Wasserfläche.

Hafenamt: Murter, Tel. 022/43 51 90.

10

Highlight

Neretva-Tal (H/J 10)

Reist man die Küste von Dubrovnik nach Norden, sieht man sich nach dem bosnischen Einsprengsel Neum unvermittelt einer gänzlich anderen Landschaft als den sonst üblichen Karstfelsen am Meer gegenüber. Die Neretva breitet ihre Arme hier zu einem verzweigten Mündungsdelta aus, und das weite grüne Tal manifestiert seine Fruchtbarkeit auch in den vielen Bäuerinnen, die am Straßenrand Obst und Gemüse zum Kauf anbieten. Doch nicht allein der Feldfrüchte wegen reist man zur Neretva. Auch historisch und kulinarisch hat das Tal einiges zu bieten (s. Tour 1, S. 109).

Sehenswert

Für Kroatien einzigartig sind die **Kanäle,** die das ganze Tal durchziehen. Zwar sind sie nur flach, doch verteilen sie das Wasser überall. Auf Booten mit flachen Kielen staken die Bauern noch heute über den Sumpfboden, um ihre abgelegeneren Felder zu erreichen.

Vid: Das Dorf 3 km nördlich von Metković macht die römische Vergangenheit augenfällig. Beim Spaziergang durch Vid sieht man in den Fassaden immer wieder antike Bausteine mit Inschriften – man hat sie ›wiederverwertet‹, um sich vor Bösem zu schützen.

Muzej ornito-faune (Ornithologisches Museum): Metković, Mo–Fr 9–12 Uhr und nach Vereinbarung unter Tel. 020/68 74 07, Eintritt ca. 5 Kn.

Im Hauptort des Neretva-Tals findet sich eine Sammlung mit 300 Exponaten aus 200 Vogelfamilien vom Pelikan bis zum Geier.

Arheološka zbirka (Archäologische Sammlung): Vid, Mo–Fr 9–12 Uhr, Eintritt ca. 8 Kn.

Im Örtchen Vid 3 km im Norden von Metković sind archäologische Exponate aus dem römischen Narona aus dem 1. Jh. v. bis zum 1. Jh. n. Chr. zu besichtigen.

Turistička zajednica: Metković, Stjepane Radica 3, Tel. 020/68 18 99, Fax 020/68 16 55.

Villa Neretva: Krvavac 2 pp 84, Tel. 020/67 22 00, Fax 020/67 11 99, www.restaurant-villa-neretva.hr, DZ um 300 Kn.

Freundliche, familiäre Villa im Grünen; im Restaurant gibt es Spezialitäten der Region.

Neretva-Fischerhaus: Vermietung eines renovierten, einfach ausgestatteten Fischerhauses mit eigenem Bootssteg; Lage nahe an den Sandbänken (Strände) der Neretva-Mündung; Infos unter www.neretva.de oder in Deutschland Mobil-Tel. 0171 520 56 48, Haus um 12 €/Person/Tag.

Lopoć: Momić, zwischen Metković und Kula Norinska, etwas außerhalb, Tel. 020/69 30 34, Hauptgericht um 40 Kn.

Spezialitäten sind die Frösche aus den Kanälen und Aal in einer Sauce aus Essig, Zwiebeln und Paprika (à la Neretva), der ganz frisch zubereitet wird. Vom Restaurant werden auch Ausflugsfahrten auf den Kanälen organisiert.

Omiš (G 8)

Das idyllische, alte Städtchen am Beginn des Cetina-Canyon war jahrhundertelang ein gefürchtetes Piratennest. Dann eroberte Venedig die Stadt und sorgte für Ruhe an der Küste. Ihres liebsten Zeitvertreibs beraubt besannen sich die Männer von Omiš ihrer musischen Talente und begannen, sich in der A-capella-Kunst der dalmatinischen Klapa-Gesänge zu üben. Die Chöre von Omiš gelten als die besten Dalmatiens; und jedes Jahr zum Klapa-Festival im Juli bestätigt sich dieses Urteil aufs Neue.

Sehenswert

Stari grad: Die Altstadt von Omiš liegt überaus malerisch zwischen den nahezu senkrecht aufsteigenden Felswänden der Cetina-Schlucht, dem Meer und dem Fluss. An der die Cetina säumenden Seite und im Fluss selbst sind noch Überreste der alten Hafensperren und der Stadtmauer erhalten. Auf den Felsen über der Stadt zeugen die Ruinen zweier venezianischer Festungen davon, wie massiv Venedig das einstige Piratennest vor der Türkengefahr aus dem Inland und wohl auch ein wenig vor den Stadtbewohnern selbst gesichert hatte. Schmale Steinhäuser und die Pfarrkirche Sv. Mihovil schaffen eine romantische Atmosphäre; zahlreiche Konobas und Straßencafés laden an der Hauptstraße ul. Knezova Kačicá zum Verweilen.

Sport & Strände

Baden: Die Strände an der Riviera von Omiš haben ein ganz großes und rares Plus, nämlich feinen Kies und Sand. Das Gebirge mit dem Höhenzug der Rozgoznica lässt nur an wenigen Stellen Platz für Orte und schmale Buchten und schafft so eine wildromantische Badekulisse. Als schönster Strand zwischen Split und Dubrovnik gilt der breite Sandstrand von **Duće,** 3 km nordwestlich von Omiš. Ca. 3 km von Omiš nach Süden liegt der schmale, schattige Feinkiesstrand von **Nemira,** bei Zavode, 6 km weiter, säumt heller Sand die Bucht von **Stanići.** Wieder 3 km weiter liegt die Strandbucht **Lokva Rogoznica** eingerahmt von üppigem Grün. Feiner Kies und richtig puderiger Sand finden sich schließlich am Strand von **Mimice** 16 km südlich.

Ausflug zur Radmanove-Mühle

Von Omiš geht's 6 km mit dem Auto oder Fahrrad die Cetina entlang zur alten Mühle Radmanove Mlinice, die heute den Rahmen für eines der beliebtesten Ausflugsrestaurants in der Region hergibt. Familien, verliebte Pärchen, Betriebsgruppen und Geschäftsleute zieht es mittags und abends in den schattigen Biergarten und die urig eingerichteten Gasträume. Für Kinder gibt's einen kleinen Spielplatz und etwas weiter flussaufwärts eine flache Kiesbank zum Baden. Unter schattigen Kastanien und Platanen sitzt man an langen Holztischen, lauscht dem Rauschen des Flusses, geht spazieren und bekommt schließlich köstliches Lamm serviert, das unter der Peka zubereitet wurde; dazu gibt's selbst gebackenes Brot und schweren Hauswein.

Radmanove Mlinice,
Tel. 021/86 20 73, www.crotours.com/radmanovemlinice,
Hauptgericht um 60 Kn.

Wassermelone genießen an der Küstenpromenade in Omiš

Rafting: Von Omiš aus werden Juni bis Okt. auf der Cetina Rafting-Touren unternommen, halbtägig zwischen Kučiće und Omiš (ca. 200 Kn) und ganztägig zwischen Blato und Omiš (ca. 300 Kn). Kontakt über **Adriatourist,** Trg Kralja Tomislava, Omiš, Tel./Fax 021/86 25 50.

Kanufahren/Fischen: Ein breites Sportangebot auf der Cetina offeriert auch die Agentur *Jut,* Podgrađe bb (ca. 20 km die Cetina flussaufwärts), Tel. 021/86 90 05, Fax 021/86 90 52, www. jut-cetina.hr.

Paragliding: Startpunkt ist der Berg Imber über Omiš, gelandet wird am Strand. Tandemflüge bietet *Sundance Travel Agency,* Vukovarska 68, Tel./Fax 021/75 77 53, www.sundance.com.

Freeclimbing: Die Felswände über dem Städtchen sind in der Hochsaison gesprenkelt mit den bunten Gestalten der Freeclimber. Kletterstrecken aller Schwierigkeitsgrade hat der örtliche

Climber-Verein Malduk in den Felsen ausgewiesen. Kontakt über www.jut-cetina.hr oder im Café Lix in der Altstadt. Telefonische Auskunft geben Antonio Brkić (Mob. 098 81 42 62) und Ana Kolovrat (Mob. 098 938 09 21).

Feste & Unterhaltung

Festival dalmatinskih klapa: Zum Festival der Klapa-Chöre im Juli versammeln sich die besten Sänger und Sängerinnen in Omiš. And the winner is … fast immer ein Lokalmatador.

Turistička zajednica grada Omiša: Trg kneza Miroslava bb, Tel./Fax 021/86 13 50, www.omis-croatia.com, www.almissa.com.

Privatunterkünfte sind die beste Wahl in der Region. Vermittelt werden sie vom Tourismusbüro.
Ruskamen: im gleichnamigen Ort, Tel. 021/87 14 02, Fax 021/87 14 01, hotel-ruskamen@hotel-omis.com, DZ um 500 Kn.
Das Zwei-Sterne-Haus liegt zwar schön im Grünen über dem Strand, hat aber schon bessere Zeiten gesehen.
Camping
Galeb: nördlich der Stadt, am Meer, Tel. 021/86 44 30, Fax 021/86 20 75, www.galeb.hr, Zelt 22 Kn, Person 30 Kn, Auto 15 Kn.
Komfortabler Platz mit flach abfallendem Sandstrand und breitem Sportangebot.

Konoba Mila: Ul. Knezova Kačića 15, Tel. 021/86 11 85, Hauptgericht um 45 Kn.
Die Konoba ist spezialisiert auf Grillgerichte.
Konoba U našeg Marina: Ul. Knezova Kačića 4, Tel. 021/86 13 28, Schinken-Käse-Platte um 35 Kn.
Einfaches Lokal mit deftigen Appetithappen zum Wein.

Ziele in der Umgebung

Cetina-Tal: Der Canyon der Cetina beginnt gleich neben dem Städtchen. Mit dem Wagen kann man ab Omiš durch die Schlucht und dann weiter durch das dicht bewaldete Tal der Cetina und immer weiter hinauf in die Hügelwelt bis Blato fahren (mit Rückfahrt zur Küste etwa 2 Std.).

Pag (B/C 4/5)

Fast wäre Pag eine Halbinsel, doch der Kanal von Velebit trennt sie vom Festland, und so muss man eine Brücke benutzen, um auf die 8000 Einwohner zählende Insel zu gelangen. Der erste Eindruck ist niederschmetternd: Nur mit Kräutern und Gras ist die Insel bewachsen, und Schafe weiden zwischen den Steinmäuerchen, die doch nur wenig fruchtbaren Boden umfrieden (s. Tour 2, S. 110).

Meist besteht der Grund aus Fels – zu danken ist dies den Venezianern und ihrem unstillbaren Hunger nach Holz für Schiffe und Stadt. Unbarmherzig glüht die Sonne am Firmament und sorgt für die beiden Hauptprodukte der Insel, das Salz aus den Salinen und die aromatischen Gewächse wie Salbei, Thymian und Lavendel, die den Schafskäse der Insel *(Paški sir)* geschmacklich unverkennbar machen. Für Badetouristen von Bedeutung ist die lange Bucht Caska, die 20 km sandige Strände besitzt.

Sehenswert

Pag-Ort: Eine Gründung aus dem 15. Jh. Zuvor lebten die Menschen in einer Siedlung südwestlich; die neue Stadt entstand auf dem Reißbrett des bekannten kroatischen Baumeisters Juraj Dalmatinac im Jahr 1443. Die klar gegliederte Altstadt ist mehr oder weniger vollständig erhalten. Immer wieder passiert man offene Fenster, und in der Küche dahinter stellt eine Dame Spitzen her und verkauft sie auch. Pager Spitzen sind an der ganzen Küste für ihre Qualität bekannt.

Sv. Marija: Im Zentrum der Altstadt steht die ehemalige Kathedrale, die 1488 in spätgotischem Stil fertig gestellt wurde. Die Innenausstattung ist im Barock gehalten. An der Klosterpforte kann man läuten und den von den Nonnen hergestellten Zwieback kaufen.

Stara Kula: Der Alte Turm war einst der Platz für den Stadtschreiber. Er saß ganz oben und notierte sich die Schiffe und deren Tonnage, um so den Überblick über den Salzhandel zu behalten und die Höhe der Steuern bestimmen zu können.

Soline: 3 km südlich von Pag beginnen die Verdunstungsbecken, die man auf der nordöstlichen Seite werktags zwischen 9 und 17 Uhr besuchen kann. Mit dem Auto kann man die Salinen vollständig umfahren: dazu bei Gorica Richtung Povljana und dann auf einen Feldweg nach Norden; kurz vor Pag sieht man rechts oben eine Kirche, der Standort der Siedlung vor dem Umzug in die heutige Stadt. Von der Kirche führt eine lange überwucherte Treppe hinunter zu den Salinen.

Novalja: Im Norden der Insel auf der lang gestreckten Landzunge hinter Novalja wurden über Jahrhunderte Oliven angebaut. Im Sozialismus kümmerte man sich nicht mehr um die Bäume, doch heute bekommen sie wieder viel Aufmerksamkeit. Vom Wind sind die knorrigen Stämme wild nach Westen verzerrt, die Wurzeln greifen in felsigen Boden. Die beiden größten Orte der Insel, Pag und Novalja, stehen ihrer landwirtschaftlichen Ausrichtung wegen seit Jahrhunderten im Widerstreit: Pag benötigt für die Salinen Sonne, Regen für die Olivenbäume ersehnt Novalja.

Gradski muzej (Stadtmuseum): Ein neu gebautes Museum (tgl. 8–13, 18–20 Uhr, Eintritt ca. 8 Kn) beherbergt den Zugang zum wichtigsten Inselbauwerk aus der Antike. In Novalja wurde ein römischer Kanal zur Wasserversorgung entdeckt und teilweise von Schutt befreit. Er verläuft unterirdisch, ist mannshoch, und man kann ca. 300 m weit vordringen (Gesamtlänge 2 km).

Sport & Strände

Pag-Ort: mehrere hübsche und sandige Badebuchten.

Dubrava: 7 km von der Stadt an der Westseite parkt man in einem Eichenwäldchen und geht hinunter zum Strand. Zwischen Dubrava und Pag-Ort steht eine Handpumpe am Strand, die Süßwasser aus einer Quelle fördert, deren Arme unter dem Meer vom Festland herüberreichen.

Caska-Bucht: Gut 20 km Sandstrände gibt es hier, teilweise sind sie jedoch nur mit dem Boot zu erreichen.

Vlašici mit seinem grünen Tal, in dem der Wein der Insel gedeiht, besitzt ebenfalls einen schönen Sandstrand.

Freeclimbing: Kletterfreaks finden ihr Eldorado an der Westseite der Bucht Caska, auf der Piste zwischen Pag und Novalja am Wasser entlang erreichbar.

Tauchen

Lagona-Divers: Stara Novalja, Livic 85, Tel. 053/65 13 28, Fax 053/ 65 17 02, Pag@Lagona-Divers.com, www.Lagona-Divers.com.

Šimuni Diving: am Strand von Šimuni auf dem Campingplatz, Tel. 091/

Abendbummel am Kai: auf der Insel Pag

569 92 38, Mob. +43 644 445 80 93, www.tauchen-kroatien.com.

Radfahren: Fahrräder verleiht ein Geschäft in der V. Nazor bb (Tel. 023/61 12 38). Bei Ausflügen beachten, dass die Schlangenpopulation auf Pag sehr ausgeprägt ist, insbesondere nördlich von Novalja.

Einkaufen

Spitzen: Kann man in der Altstadt von Pag-Ort kaufen. Für ein Stück von 15 cm Durchmesser muss man 200 Kn anlegen (12 Std. Arbeit stecken darin).

Kloster von Pag: Köstlicher Zwieback, den die Nonnen selbst backen (40 Kn/kg); an der Pforte läuten, warten und die Menge mitteilen.

Pager **Käse** ist sehr wohlschmeckend und wird in fast allen Kneipen serviert. Wer ihn mit nach Hause nehmen möchte, sollte ihn hier kaufen – Käse aus Pag ist zwar an der ganzen Küste im Angebot, doch so viele Schafe gibt es auf der Insel gar nicht.

Ausgehen

Aquarius: uvala Zrče, ab 23 Uhr, open end. Techno-Beats im Sommer an der Zrče-Bucht.

Feste & Unterhaltung

Pager Karneval: Am letzten Freitag/ Samstag im Juli findet ein Umzug mit Fantasiekostümen und -masken statt. Treffpunkt ist vor dem Hotel Pagus, man

UFOs über Pag

Es passierte am 6. Juni 2002: Am frühen Abend sichteten Touristen und Pager seltsame Lichtbälle über der Insel; grün und rot leuchteten sie in der Dämmerung. Die Erscheinung war nach wenigen Minuten vorbei, aber sie reichte aus, um die Diskussion um das ›Pager Dreieck‹ *(Paški trokut)* neu zu beleben. Nicht weit von Novalja ist nämlich der Grundriss einer eigenartigen, dreieckig geformten Kultstätte aus dem Neolithikum im steinigen Boden zu erkennen. Ufologen sind überzeugt, dass dessen Spitze zum Sirius weist und somit zu einer Galaxie, deren Bewohner die damaligen Pager Steinzeitmenschen besucht haben. Wer noch mehr über Pags außerirdische Kontakte wissen möchte, kann sich den Führungen zum Dreieck anschließen. Sie starten Mo, Mi, Fr u. Sa um 9 Uhr an der Straße von Novalja zum Fährhafen (Infos unter www.novalja.com).

zieht an der Küste entlang zum Zentrum. Abends Straßenfest.
Prozession Mariä Himmelfahrt: 15. August. Vom Standort des alten Pag zur Kirche Sv. Marija.

Turistička zajednica: Pag, Ulica od Špitala bb, Tel. 023/61 12 86, Fax 023/61 13 01, tzg-pagai@zd.hinet.hr.

Privatzimmer: Vermietung bei Karmela Fabijanić, letztes Haus in Pag Richtung Novalja am Meer, Tel. 023/61 14 54; Preise auf Anfrage.
Pagus: Pag-Ort, A. Starčevića 1, Tel. 023/61 13 10, Fax 023/61 11 01, www.coning.hr/hotelpagus, DZ um 550 Kn.
Drei-Sterne-Hotel am Strand, zentrumsnah, saniert, angenehm. Die Küche jedoch muss noch ein wenig an sich arbeiten.

Berekin: Pag-Ort, in der Altstadt beim Geburtshaus des Sprachwissenschaftlers Berekin, Tel. 098/31 70 87, Pizza um 35 Kn.
Pizzen in einem hübschen Innenhof, tagsüber Bar mit Frühstück.
Konoba Bile: Pag-Ort, Vela Ulica 35, Tel. 023/61 11 27, Hauptgericht um 55 Kn.
Urige kleine Konoba mit Käse, Schinken, Wein, Schnaps und einer unnachahmlich guten Stimmung.
Bonaca: Lun, Tel. 023/66 50 79, Hauptgericht um 60 Kn.
Fischgerichte und Zimmervermietung und Bootsverleih und und und: Unbegrenzt durch den Einfallsreichtum des Besitzers.
Bistro Na Tale: Pag-Ort, S. Radića 2, Tel. 023/61 11 94, Hauptgericht um 60 Kn.
Durch den Namen nicht täuschen lassen. Auch wenn es Pizza gibt, ist es die beste Küche des Ortes mit Fleisch und Fisch. Im Sommer meist voll bis zum Gehtnichtmehr.
Starac i More: Novalja, Brače Radić bb, Tel. 023/66 24 23, Fischgerichte um 70 Kn.
Fisch und Muscheln auf der schattigen Terrasse an der Hauptpromenade.

Fähre: Per Fähre ist Žigljen auf Pag mit Prizna auf dem Festland verbunden; in der Hochsaison zwischen 8 und 20 Uhr Pendelverkehr; ansonsten alle 60 bis 90 Min.

Paklenica-Nationalpark (D 5)

Im Nationalpark kann man gut und gern eine Woche wandern und bergsteigen, ohne je denselben Pfad noch einmal benutzen zu müssen (s. Tour 4, S. 114). Grüne Täler durchschneiden die steilen Felswände des 9600 ha großen Parks an den südlichen Abhängen des Velebit-Gebirges, das sich 145 km lang parallel zur Küste erstreckt. Der höchste Gipfel Vaganski Vrh ragt 1756 m über das Meer.

Bereits 1949 zum Nationalpark erklärt, zeigt sich hier die typische Karstflora einer Region, in der mediterrane und kontinentale Klimaeinflüsse aufeinander treffen. Karsttypisch sind die vielen Höhlen in den Bergflanken. Vereinzelt trifft man auf einsame Berghöfe, die von einer sterbenden Generation bewirtschaftet werden. Zu mühselig ist die Arbeit, zu abgeschieden der Wohnort, als dass die Jungen dies auf sich nehmen würden.

Sport & Strände

Baden: Immer wieder findet man an den beiden Flüsschen ruhige, von Felsen gerahmte Stellen, an denen man sich vorzüglich abkühlen kann.
Freeclimbing: Mit bis zu 400 m hohen Felswänden ist Paklenica ein Eldorado für Freeclimber und so bekannt in der Szene, dass internationale Wettbewerbe abgehalten werden (s. S. 20).
Wandern: Die beiden wichtigsten Wanderabschnitte sind die zwei Schluchten, wobei der Weg entlang des Flüssleins Velika Paklenica der am meisten begangene ist. Zur Berghütte Zapadak geht es auf 480 m in ca. 1,5 Std.

NP Paklenica: Starigrad, Jadranska cesta bb, Tel. 023/36 91 55, Fax 023/36 92 02, www.tel.hr/paklenica.
Im Büro wird der ›Kletterführer Paklenica‹, Zagreb 2001, für 15 € verkauft.
Turistička zajednica: Starigrad, Trg Tome Marasovića 1, Tel./Fax 023/36 92 55, tz-starigrad@zd.hinet.hr.

Pansion Roli: Starigrad, Stipe Bušljete 1, Tel. 023/36 90 18, DZ um 440 Kn (HP).
14 Zimmer in einem Haus am kleinen Hafen, auch Restaurant.
Vicko: Starigrad, Jose Dokoze bb, Tel./Fax 023/36 93 04, www.hotel-vicko.hr, DZ um 500 Kn.
Kleines und angenehmes Drei-Sterne-Hotel.

Konoba Bava: Starigrad, Dr. Franje Tuđmana bb, Mobil-Tel. 098 88 85 71, Fisch um 65 Kn.
Das Ambiente (Campingplatz) ist gewöhnungsbedürftig; die Fischgerichte aber schmecken sehr gut.
Rajna: Starigrad, Dr. Franje Tuđmana bb, Tel. 023/36 91 30, Hauptgerichte um 55 Kn.
Gute Fisch- und Fleischküche.
Forsthaus Njivarska Stranalm: im Nationalpark, Würstel um 18 Kn.
In der großen Schlucht einfache Gerichte mit Würstchen vom Grill.

Pašman & Ugljan (C/D 6/7)

Die beiden Inseln waren bis 1883 durch eine Landenge miteinander verbunden, die man durchstach, um Dugi Otok besser erreichen zu können. Erst 1973 entstand die heutige Brücke zwischen Pašman und Ugljan. Das nördliche Ugljan misst 52 km^2 und hat 7500 Bewohner in sieben Siedlungen. Der Verwaltungssitz ist Preko mit zwei vorgelagerten Inseln.

Pašman misst 63 km^2 und wird von 3500 Menschen bewohnt. Die Inseln sind nicht von Abwanderung betroffen, da die günstige Lage zu Zadar eine tägliche Arbeit auf dem Festland erlaubt. Beide Inseln sind bewaldet; Zypressen an den Hängen vermitteln ein fast ›toskanisches‹ Bild.

Sehenswert

Muline: In dem Örtchen ganz im Norden von Ugljan sind die Fundamente einer altrömischen Ölmühle (1. Jh.) zu sehen.

Galovac: Gegenüber von Preko gibt es zwei Inseln. Auf der kleineren namens Galovac steht ein Kloster der Franziskaner aus dem Jahr 1443. Ein Besuch der Insel lohnt sich wegen der Idylle, die auch zahlreiche Künstler anlockt: Die kroatische Regierung lädt Stipendiaten zu einem Aufenthalt auf das Inselchen, die Galerie ›Dom Na žalu‹ in Preko zeigt Ausstellungen von im Kloster entstandenen Werken. Ruderboote gibt's am kleinen Hafen, wo auch ein Denkmal an 16 Wäscherinnen erinnert, die bei der Überfahrt zu ihrer Arbeit nach Zadar im Sturm ertrunken sind.

Sv. Mihovil: Auf dem Berg Sv. Mihovil (westlich von Preko) genießt man eine feine Weitsicht über Ugljan und Dugi Otok, eine Teerstraße führt hinauf zu der alten Festung (die Funkanlage entstand während des kroatisch-serbischen Krieges in den 1990er Jahren, da die Serben die Anlagen auf dem Festland regelmäßig zerbombten).

Kloster Sv. Kozma i Damjan: Das Kloster auf Pašman (tgl. 16–18 Uhr, Spende erbeten) entstammt dem 12. Jh., wurde aber 1808 auf Betreiben der Franzosen aufgegeben. 1956 zogen wieder Mönche ein, und heute leben dort fünf Benediktiner. Einer von ihnen kümmert sich in einer kleinen Buchrestaurierungswerkstatt um kostbare Druckwerke, die sonst dem Verfall preisgegeben wären. Das Kloster liegt idyllisch oberhalb von Tkon.

Sport & Strände

Baden: In Preko gibt es einen flachen Sandstrand mit Infrastruktur 300 m nördlich des Hafens. Bei Muline locken Buchten mit Feinkies und Sand. Auf Pašman bei Tkon Richtung Zeltplatz einige flache Sandbuchten. Südlich von Pašman-Ort findet man ebenfalls Feinkiesbuchten.

Fahrradverleih: Agencija Rusev, Tel. 023/28 60 85, am Hafen Preko (auch Motorbootverleih).

Ausgehen

Im **Café Domenik** am Hafen von Preko trifft sich die Jugend, am Wochenende wird zur Disco umgebaut. Im Sommer öffnet in Preko die Disco **Papillon** ab 23 Uhr ihre Pforten.

Feste & Unterhaltung

Wallfahrt: Am 5. August macht sich von Kukljica eine Prozession auf den Weg zur Kapelle Gospa od snega (›Unsere liebe Frau vom Schnee‹) an der Brücke zwischen den beiden Inseln. Hier soll vor 400 Jahren Schnee gefallen sein.

Turistička zajednica: Preko/Ugljan: am Hafen, Tel./Fax 023/28 80 11, www.ugljan.hr; **Pašman:** Tel./Fax 023/26 01 55.

Zimmervermietung Bobić: Pašman-Ort, Tel. 023/26 02 00.
Pansion Stivon: Muline/Ugljan, Tel./Fax 023/28 83 88, DZ um 350 Kn.

Angenehme Familienpension direkt am Wasser, gutes Restaurant.
Apartments Bakota: Ćeprljanda, Ugljan, Tel. 023/28 83 93, valentin.bakota@ugljan.hr, um 400 Kn.
Nette Apartments etwa 1 km vom Ortszentrum entfernt, zum Strand geht man 50 m.

... auf Ugljan
Konoba Barbara: Preko, Uferpromenade 200 m südlich vom Hafen, Tel. 023/28 61 29, Hauptgericht um 65 Kn.
Familienbetrieb mit kühler Terrasse, direkt am Wasser. Der Wirt ist selbst ein großer Fischer und weiß amüsant davon zu berichten.
Cesarica: am Hafen von Preko, Tel. 023/28 61 03, Hauptgericht um 65 Kn.
Modernes Restaurant mit großer Terrasse, auch Pizza.
Lantana: Sutomišćica, Tel. 023/26 82 64, Fisch ab 70 Kn.
Im Garten speist man Fisch mit exklusivem Blick auf ein Schlösschen aus dem 16. Jh. Vielleicht wird eine Marina gebaut, dann wird man in dem Schlösschen auch schlafen können.

... auf Pašman
Konoba Treva: Ugrinći, Tel. 023/856 75/6, Hauptgericht um 55 Kn.
Urige Konoba in einem alten, eng zusammengekuschelten Dörfchen: hausgemachten Wein, Schnaps, Käse, Kräutertee und natürlich Fisch serviert die Wirtin im Sommer zu jeder Tageszeit, im Winter aber nur abends.
Trta-Mrta: Tkon, Tel. 023/857 88, Hauptgericht um 60 Kn.
Pizza und Fisch in dem mit ›Scharade‹ am besten übersetzten Lokal – nomen est omen, und die Besitzer sind denn auch rechtschaffen lustig drauf.
Lanterna: Pašman-Ort, Tel. 023/26 01 79, Hauptgericht um 70 Kn.
Fisch und Fleisch auf einer Terrasse am Meer.

... auf der Insel Ošljak
Lazaret: 100 m rechts von der Anlegestelle, Hauptgericht um 65 Kn.
Auf der Preko/Ugljan vorgelagerten Insel. Für die Badegäste, die sich textilfrei an der Preko abgewandten Seite sonnen.

Fähre: Der Fährhafen der Insel Ugljan ist Preko (Abfahrten fast stündlich und nach Bedarf). Die Insel Pašman ist von Tkon aus mit Biograd verbunden (ebenfalls fast stündlich, Info: Jadrolinija/Zadar, Tel. 023/25 05 55).

Pelješac (G/J 10)

350 km² misst die grüne Halbinsel mit 8000 Bewohnern, die zwischen dem Festland und der Insel Korčula vermittelt. Geschichtlich gehörte Pelješac immer zu Dubrovnik (s. Tour 5, S. 116), Korčula hingegen war venezianisch. Diesem Spannungsverhältnis haben wir einen der schönsten Aussichtspunkte zu verdanken: Das Kloster von Orebić wurde eigens von den Rektoren Dubrovniks gegründet, um die Geschäfte des Gegners auszuspähen – nach Rio de Janeiro und Alicante soll dies der drittschönste Aussichtsplatz der Welt sein. Pelješac ist auch für seinen Wein berühmt, wobei im südlichen Teil der Halbinsel der Weißwein, im nördlichen der Rotwein zum Besten wird. Wanderungen um und auf den Berg St. Elias erlauben bei einer Höhe von 961 m eine grandiose Weitsicht, und den mit Macchia, Pinien und Zypressen be-

wachsenen Hängen wird eine heilende Wirkung bei Asthma nachgesagt; tatsächlich ist die Luft schwer von den ätherischen Dämpfen der Pflanzenwelt. Noch einen Grund gibt es für den Besuch der Halbinsel: So frisch lassen sich in ganz Dalmatien die Austern nicht verspeisen. Bei Ston hängen die Austern-Zuchtkörbe zu Hunderten im Wasser, und die Restaurants und Buden am Straßenrand wuchern natürlich mit ihren Pfunden.

Sehenswert

Nakovanja: Zur Zeit finden bei Nakovanja in der Höhle Spila archäologische Grabungen statt. Man hat dort einen illyrischen Schrein entdeckt und ihn auf das 4.–1. Jh. v. Chr. datiert. Die Grabungen sind vorläufig noch für Besucher geschlossen (Informationen über das Tourismusbüro in Orebić).

Orebić: Das Kloster von Orebić entstand im 15. Jh. für den Franziskaner-Orden als ruhiger und beschaulicher Ort. Einige bemerkenswerte Gemälde aus der Renaissance sind zu sehen (Mo–Sa 9–12, 16–18 Uhr, So 16–18 Uhr, Eintritt 10 Kn). Der Reichtum des Ortes wuchs mit der Gründung der Schifffahrtskompanie Pelješac 1865, in deren Besitz schließlich bis zu 60 Ozeansegler waren. Auf dem Friedhof liegen unter prachtvollen Grabmälern die Kapitäne der Halbinsel. Deren herrschaftliche Häuser stehen noch heute an der Küstenpromenade von Orebić, viele mit den typischen Portalen, die in den Gartenhof führen, und prunkvollen, doch nicht überladenen Fassaden.

Gewaltige Mauern gegen die Venezianer: Mali Ston auf Pelješac

Marinemuseum: Kloster Orebić, tgl. 9–12 und 16–18 Uhr, Eintritt ca. 5 Kn.
Besonders wegen seiner Schiffsmodelle sehenswert. Sie sind sehr detailliert gebaut und um vieles schöner als die im Museum Dubrovniks.

Schifffahrtsmuseum: Orebić, altes Rathaus, Trg Mimbeli, im Sommer tgl. 10–12 und 18–19 Uhr, im Winter 7–15 Uhr, Eintritt ca. 5 Kn.
Die Ausstellung dokumentiert die große Epoche der Kauffahrer von Orebić.

Highlight 11

Ston: Die beiden Orte Veliki Ston und Mali Ston gehören zum größten Festungsbauwerk der ganzen Mittelmeerküste. Jeder Ort ist für sich befestigt, und beide Orte sind noch einmal miteinander durch eine 5,5 km lange Mauer mit Wachttürmen verbunden. Die Republik Ragusa (Dubrovnik) ließ dieses Bauwerk zwischen 1333 und 1506 erstellen, gab viel Geld dafür aus und holte sich die besten Baumeister ihrer Zeit. 1996 zerstörte ein Erdbeben viele Gebäude, und noch immer ist man mit dem Wiederaufbau beschäftigt.

Sport & Strände

Baden: Am besten badet man in Orebić am 1,5 km langen Sandstrand **Trstenica** vor einem Pinienwald im Osten des Ortes. Nördlich von **Viganj** liegen mehrere einsame Fels- und Kiesbuchten. Auch **Žuljana** bietet schöne Felsbuchten.

Windsurfen: Der Kanal zwischen Pelješac und Korčula ist ein gern besuchtes Revier mit verlässlichen Windverhältnissen. Bretter verleihen die Hotels.

Tauchen: Dragan & Willi, Žuljana, Tel. 020/75 61 08, www.tauchbasis-zuljana-kroatien.de.
Die Tauchbasis unternimmt Tauchausflüge zu einem deutschen WK-II-Torpedoboot, zu weiteren Wracks und zu Höhlen.

Orebeach Club: Orebić, Tel. 020/71 39 85, Fax 020/71 39 86, www.orebeach-club.com.
Tauchen, Fitnessraum, Restaurant, Bar.

Wandern: Wanderungen sind u. a. auch auf den Berg St. Elias von verschiedenen Seiten aus möglich (Wanderkarte beim Touristenbüro in Orebić erhältlich).

Bootfahren: In der Hochsaison kann man an den Häfen Boote mieten und zu den kleinen Inseln tuckern.

Turistička zajednica:
Orebić: Trg Mimbeli, Tel./ Fax 020/71 37 18;
Ston: Tel./Fax 020/75 44 52.

Bellevue: Orebić, Tel. 020/ 71 31 48, Fax 020/71 31 93, DZ um 350 Kn.
Einfaches Zwei-Sterne-Hotel am Strand.
Orsan: Orebić, Tel. 020/71 30 26, Fax 020/71 31 93, www.korcula.net/ orebic, DZ um 550 Kn.
Beliebte All-inclusive-Anlage, die 1998 saniert wurde; freundliche Zimmer, gutes Restaurant, Hausstrand.

Amfora: Orebić, Tel. 020/71 37 79, Hauptgericht um 70 Kn.
Auf der Terrasse an der Promenade wird vor allem Fisch zubereitet; lobenswert engagiertes Personal.
Konoba Pelješki Dvori: Orebić, Tel. 020/71 33 29, Hauptgericht um 60 Kn.
Fisch und Fleisch, vieles vom Grill, dazu bester Wein (hinter dem Gemeindeamt).
Taverna Mlinica: Orebić, Tel. 020/ 71 38 86, Hauptgericht um 60 Kn.
In einer alten Ölmühle werden Fisch und Fleisch unter der Glocke *(peka)* gebacken. Abends Musikbegleitung.
Taverna Bota: Mali Ston, Tel. 020/ 75 44 82, Hauptgericht um 70 Kn.
In der Region eine der Traditionsadressen für Fisch und besonders Austern, die man auf der Terrasse oder in den Katakomben bei einem vorzüglichen Weißwein schlürft.

Fähre: Zwischen Ploče und Trpanj verkehrt eine Autofähre (Info: Jadrolinija/Ploče, Tel. 020/67 93 21). Von Orebić nach Korčula geht es mit der Fähre im Pendelverkehr (Info: Jadrolinja/Korčula, Tel. 020/71 54 10).

Šibenik (E 7)

Šibenik liegt höchst ungewöhnlich in einem Labyrinth von Inseln, Halbinseln und Lagunen an der Mündung der Krka. Die 42 000-Einwohner-Stadt geht auf eine kroatische Gründung an dem bestgeschützten Hafen der ganzen Adriaküste zurück. Immer wieder wurde Šibenik daher belagert, und das geschickteste Taktieren nützte nichts, die Unabhängigkeit blieb bis auf wenige Perioden nur ein Wunsch. Die starke Festung hoch über der Stadt spricht für die Vergangenheit voller Kämpfe (s. Tour 1, S. 108). Reich war Šibenik nie, dennoch kann man in den engen, verwinkelten Gassen und Treppenwegen Paläste entdecken, und das rege Leben in den Häuserschluchten am Vormittag und in den kühleren Abendstunden macht Lust auf einen längeren Aufenthalt. Das intakte Altstadtensemble zählt zum Unesco-Weltkulturerbe.

Sehenswert

Katedrala Sv. Jakov: Gotische Stilelemente vermischen sich an dem dreischiffigen Gebäude mit jenen der Renaissance: Es wurde 1431 unter venezianischer Herrschaft begonnen, einer der vielen Baumeister war der bekannte Juraj Dalmatinac. Bemerkenswert sind die Taufkapelle, deren Decke aus einem einzigen Stein gehauen ist, und der einzigartige Fries an den Apsiden: Dalmatinac hat darauf 71 Mitbürger verewigt – mit diesem in die Renaissance weisenden Realismus war er der stilisierenden Gotik weit voraus.
Trg Republike: Die Kathedrale begrenzt einen der schönsten (und monumentalsten) Stadtplätze der kroatischen Adriaküste, den ein modernes Denkmal von Ivan Meštrović für den Baumeister Dalmatinac schmückt. Ge-

genüber befindet sich die Stadtloggia aus der Mitte des 16. Jh. mit einem Speiselokal, das viel Wert auf feines Ambiente legt.
Trđava Sv. Ana: Die Festung hoch über der Stadt ist unter den Venezianern entstanden. Man geht über die engen Gassen und Treppen hinauf, passiert den Friedhof und gelangt durch eine kleine Pforte in das Fort.
Samostan Sv. Frane: Oberhalb des Fährhafens befindet sich das Franziskanerkloster. Die Kirche ist gotischen Ursprungs, die Inneneinrichtung im Renaissance- und Barockstil. Bemerkenswert ist die Orgel, die mit Zadar um das Recht streitet, die älteste Kroatiens zu sein. Sie wurde 1762 gebaut.
Županijski muzej (Stadtmuseum): Rektorenpalast hinter der Kathedrale, tgl. 10–13 und 19–21 Uhr, Eintritt 10 Kn.
Stadtmuseum mit achäologischen Funden (Amphoren) und Waffen.
Muzej Sv. Barabara: Kralja Tomislava, unregelmäßige Öffnungszeiten, Eintritt 10 Kn.
Sakrale Kunst in der Kirche der hl. Barbara.

Strände

Primošten: Die Šibeniker fahren an Wochenenden gern zu diesem 800 m langen Sandstrand ca. 20 km südlich.

Turistička zajednica: Šibenik, Ulica Fausta Vrančića 18, Tel. 022/21 20 75, Fax 022/21 90 73, www.summernet.hr/sibenik.

Jadran: Rivijera bb, Tel. 022/21 26 44, Fax 022/21 24 80, DZ um 450 Kn.
An der Uferpromenade. Zentral gelegenes, angenehmes Hotel mit offiziell zwei Sternen.

... außerhalb:
Kristina: Vodice, Šetalište M. Sladoljeva 3, Tel. 022/44 41 73, Fax 022/44 04 73, www.travel.maestral.hr/hkristina, DZ um 500 Kn.
Mit zwei Sternen unterbewertetes (weil privates) Hotel direkt am Wasser in einem kleinen Park. Sehr aufmerksames Personal.
Solaris: 6 km südlich von Šibenik am Wasser, Tel. 022/36 39 99, Fax 022/36 18 01, www.solaris.hr, DZ um 1000 Kn.
Hotelkomplex aus vier Einzelanlagen in sozialistisch inspirierter Betonbauweise. Zum Hotel gehört auch ein komfortabler Campingplatz.

Puppenspieler und Gaukler

Ende Juni versammeln sich in Šibenik die besten Marionettenspieler und Theaterensembles, um beim Medunarodni dječji Festival, dem Internationalen Kinderfest, 14 Tage lang die Puppen tanzen zu lassen. Auf dem Programm stehen auch Kinderfilme, doch meist nur in Originalsprache. Puppentheater dagegen spricht eine universelle Sprache und besitzt eine ganz eigene Magie. Neben den Theaterveranstaltungen ist in den Straßen der Altstadt jede Menge los: Musiker treten auf, Artisten und Gaukler unterhalten die Kleinen, Kinder können sich schminken lassen oder selbst ein Instrument oder eine Marionette ausprobieren. Infos zum Programm gibt's bei der Touristeninformation in Šibenik oder unter http://child.fest.sibensko-kazaliste.hr.

Vergessene Idylle im Abseits: Insel Prvic vor Šibenik

Greb/Stari Grad: Obala Oslobođenja 12, Tel. 022/21 93 30, nur in der Hauptsaison, Hauptgericht um 50 Kn.
Konoba im Keller, die jedes Jahr Anlaufschwierigkeiten hat, dann aber durchaus Empfehlenswertes im Standardbereich serviert.

… beim Hotel Solaris

Barun: Podsolarsko 24, Tel. 022/ 35 06 66, Hauptgericht um 70 Kn.
An der Uferstraße leicht plüschiges Ambiente mit guter Fischküche.

Zlatna Ribica: Brodarica, Tel. 022/ 55 03 00, www.zlatna-ribica.hr, Hauptgericht um 70 Kn.

Am Kanal zur Lagune Morinje stehen kleine Fischerhäuschen aufgereiht, dazwischen befindet sich das Lokal mit Terrasse. Ausgezeichnete Fisch- und Meeresfrüchteküche; Zimmervermietung.

… in Vodice

Konoba Mare: Vodice, Prvomajska 21, Tel. 099 47 26 56.
Rustikale, einladende Taverne an der Strandpromenade, in der man dalmatinischen Schinken, Käse und gegrillten Fisch (um 60 Kn) isst.
Tamaris: Šetalište M. Sladoljeva, Vodice, Tel. 022/44 13 35, Hauptgericht 70–80 Kn.
Bestes Restaurant in Vodice: exzellente Fischküche, Muscheln, Buzara. Der Wirt hat in der Schweiz gekocht.

Ausgehen

Café No 4: Zagrebačka 4.
Das Café der Trendsetter; bis in den frühen Morgen Live-Musik.
Am nördlichen Ende der Promenade Obala palih omladinaca geht es nachts in der **Disco Veslo** heiß her. Ansonsten fährt man in den Ort Vodice ins **Hacienda** oder nach Primošten, wo der Musiktempel **Aurora** seine Pforten öffnet.

Fähren: Mindestens einmal tgl. sind die Šibenik vorgelagerten Inseln mit dem Schiff erreichbar (keine Autofähren; Info: Jadrolinija/Šibenik, Tel. 022/21 34 68).
Im Fährhafen starten in der Saison auch Boote zum Haupteingang des Krka-Nationalparks.

Ziele in der Umgebung

Školarski Centar, Dubrava kod Šibenika: Matje Gupca 87, Tel. 022/33 00 70.
Etwas außerhalb von Šibenik gibt es in der Hochsaison Vorführungen mit Greifvögeln (Habicht, Bussard), wenn Besucher da sind.
Nationalpark Krka (S. 66): Knapp 20 km mit dem Auto entfernt, ab Šibenik auch erreichbar mit dem Schiff.
Tribunj, Primošten, Rogoznica: Kleine Orte der Umgebung, die ganz typisch aus Sicherheitsgründen auf kleinen Inselchen gebaut wurden und nur über einen Damm erreichbar sind: Die Ausflüge kann man mit einem Mittag- oder Abendessen verbinden: in Tribunj (im Norden) in der Caffe-Bar Basadura (Ulica Badnje, Tel. 022/44 68 30) und Konoba Šimun (Ulica Ribara 6, Tel. 022/44 69 16, Hauptgericht um 55 Kn, mit Blick auf Tribunj). In Primošten (im Süden) genießt man den Fisch in der Altstadt unter Gitarrenklängen in der Taverna Dalmacija (Put Murve 15, Tel. 022/57 00 09, Hauptgericht um 60 Kn). In Rogoznica (ebenfalls südlich) hat man bei Antonijo (Tel. 022/55 94 11, Fisch um 380 Kn/kg) zum köstlichen Essen einen freien Blick auf die Marina.

Šolta (E/F 8/9)

Die Split am nächsten gelegene Insel misst 57 km^2, hat aber trotz ihrer Größe wenig Sehenswertes zu bieten, sieht man von Fundamenten aus byzantinischer und römischer Zeit ab. Wer hierher kommt, will Ruhe und Entspannung oder einen Ankerplatz für seine Yacht in einer der 24 Buchten der Insel. Auf Šolta lebte der kroatische Dichter Marko Marulić in dem Örtchen Nečujam, wo auch die gleichnamige Touristenanlage zu finden ist. Hauptort der 1500-Seelen-Insel ist Grohote mit seinem Hafen Rogać.

Sport & Strände

Leo's Diving Shop: Stomorska, Tel. 021/65 81 21.
Tauchausflüge.

Ausgehen

Marcelovi Dvori: Stomorska/Šolta, ab 19 Uhr.
Abends Livemusik, gelegentlich Jazz-Sessions.

Turistička zajednica: Grohote/Šolta, Tel. 021/65 41 51, Fax 021/65 41 30, www.solta.hr.

Apartments Nešujam: Nešujam/Solta, Tel. 021/65 01 49, Fax 021/65 01 53, www.solta-tours.com, solta@st.hinet.hr, 2 Pers.-Apartment um 680 Kn.
Apartmentanlage mit mehreren Restaurants und vielen weiteren wichtigen Urlaubseinrichtungen.

Komin: Stomorska/Šolta, Tel. 021/65 80 07, Hauptgericht um 60 Kn.
Gute Fischküche an der Bucht von Stomorska. In der Saison kommen viele Freizeitkapitäne, die hier mit ihren Yachten ankern.

Fähre: In der Saison geht 4–5 x tgl. eine Autofähre zwischen Split und Rogać (Info: Jadrolinija/Split Tel. 021/33 83 33).

Highlight 12

Split (F 8)

Split ist die größte Stadt Dalmatiens (220 000 Einwohner), und wenn man sich ihr nähert, kündigt sie sich auch so an: Die Skyline der Hochhäuser ist beeindruckend und mag manchen Besucher sogar abschrecken, verheißt sie doch eine Industriestadt größeren Ausmaßes. Doch die Industrie von Split existiert nicht mehr. Mühselig versucht man, sich vom Krieg zu erholen, der die traditionellen Lieferwege ins serbische Hinterland fürs Erste abgeschnitten und der Industrie den Todesstoß versetzt hat. Besucher merken davon allerdings recht wenig, sieht man von der saubereren Luft und dem kristallklaren Wasser auch um die Stadt herum ab. Hat man sich einmal durch die Einbahnstraßen und verwirrenden Biegungen der Wege zur Altstadt durchgekämpft und für seinen Wagen glücklich einen Parkplatz gefunden, kann man sich zu Fuß auf den Weg machen. Zu beachten ist, dass die autofreie Altstadt (s. Tour 1, S. 109) bis zur Uferpromenade der Bucht von Luka reicht und die Stadt für Kfz quasi teilt. Der Fährhafen liegt südlich der Bucht, der Stadtteil Marjan mit den wichtigen Museen liegt nördlich und ist nur durch einen Tunnel erreichbar.

Sehenswert

Diokletianspalast: Er ist die wichtigste Sehenswürdigkeit, nicht nur, weil er tatsächlich sehenswert ist, sondern auch, weil er mit fast 4 ha Grundfläche so groß ist, dass er die Hälfte der Altstadt umfasst und man ihm gar nicht entkommen kann. Der römische Kaiser Diokletian hat sich den Palast als Altersruhesitz errichten lassen und bezog ihn, nachdem er 305 freiwillig abgedankt hatte. Mit seinen Werkstätten und Läden war der Palast eine kleine Stadt. Spätere Bitten, die Regierungsgeschäfte noch einmal zu übernehmen, beschied er mit dem Hinweis auf seinen herrlichen Besitz negativ – und lebte acht Jahre bis zu seinem Tod in Split.

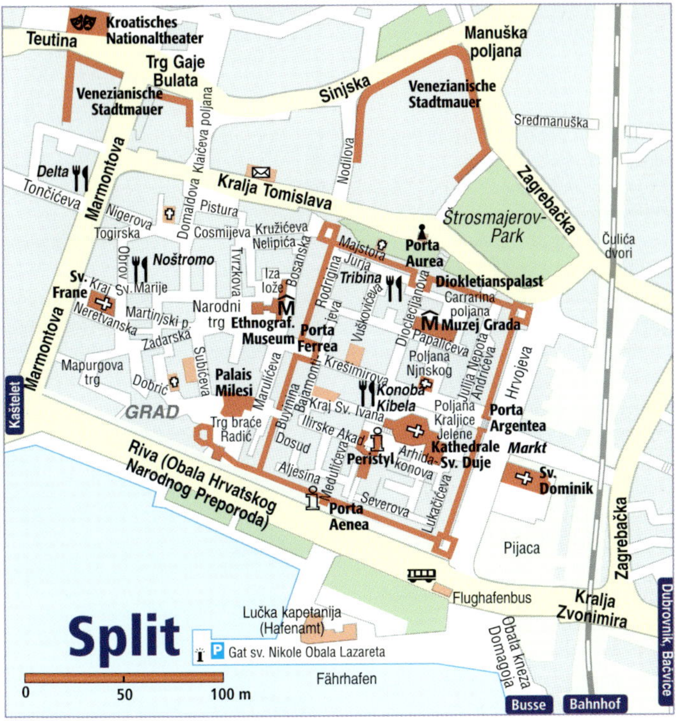

Porta Aenea: Noch immer kann man den Palast durch das Bronzene Tor von der Luka-Bucht aus betreten. Noch vorher ist die Fassade des Palastes von der Uferpromenade aus zu sehen (dahinter lagen die Privaträume des Diokletian), die allerdings starken Veränderungen unterworfen wurde. Durch das Tor gelangt man in die Kellerbereiche des Palastes, wo die Archäologen noch zugange sind, flankiert von Souvenirhändlern, die in der Kühle der Gewölbe Kunst und Kunsthandwerk an den Mann bringen.

Peristyl: Eine Treppe führt direkt zum zentralen Hof des Palastes, zum Peristyl hinauf. Kolonnaden rahmen den Platz von drei Seiten ein, östlich steht das Mausoleum des Diokletian, das 650 zur Kathedrale Sv. Duje geweiht wurde. Über die südliche Treppe gelangt man ins Vestibül, das kreisrunde Vorzimmer der Privatgemächer des Kaisers. Die westliche Treppe führt durch Überbauungen zum Jupitertempel, der im Mittelalter zum Baptisterium umfunktioniert wurde. Im Inneren ist das altkroatische Relief im Taufbecken sehenswert. Das Peristyl ist heute ein beliebter Treffpunkt mit Straßencafés im Schatten des über die Altstadt aufragenden Glockenturms der Kathedrale.

Kathedrale Sv. Duje: Im Innern sind die Torflügel, das Chorgestühl und die Kanzel (beide 13. Jh.), die Altäre sowie natürlich die Verbindung von römisch-strenger Architektur mit kirchlich-katholischer Pracht beachtenswert. Ein

Das Café Luxor nutzt das Peristyl, wo einst Kaiser Diokletian seinen Lebensabend genoss

Höhepunkt spätgotischer Bildhauerkunst ist die ›Auspeitschung Christi‹, von Juraj Dalmatinac im 15. Jh. geschaffen.

Die anderen Tore: Geht man nach Norden, gelangt man zum Goldenen Tor (Porta Aurea) und durch dieses hindurch zum überlebensgroßen Denkmal von Grgur Ninski, dem Bischof Gregor von Nin. Kroatiens berühmtester zeitgenössischer Bildhauer Ivan Meštrović hat den Riesen geschaffen. Wer die (schon recht blanke) große Zehe der Bronzeskulptur berührt, dem geht ein Wunsch in Erfüllung. Den westlichen Zugang zum Palast bildet das Eiserne Tor (Porta Ferrea), den östlichen das Silberne Tor (Porta Argentea).

Narodni Trg: Den Palast durch das westliche Tor verlassend, erreicht man umgehend den Platz Narodni Trg, der zwischen dem 13. und dem 15. Jh. entstand. Rathaus, mehrere Paläste und ein Geschlechterturm säumen ihn.

Trg Republike: Noch weiter westlich, jenseits der Promenierstraße Marmontova, liegt der Platz Trg Republike (oder Prokurative). Nach venezianischem Muster wurde ab 1859 ein Platz für repräsentative Zwecke gestaltet.

Trg Gaje Bulata: Geht man die Marmontova nach Norden, kommt man zum Platz Trg Gaje Bulata mit dem Hrvatsko Narodno Kazalište, dem Nationaltheater, 1893 im Stil der Neorenaissance erbaut.

Galerija Ivana Meštrovića:
Šetalište I. Meštrovića 46, Di–So 11–18 Uhr, Eintritt 20 Kn.
Galerie des gleichnamigen Bildhauers mit Ausstellungen seiner Werke in Marmor, Stein und Bronze. Auch Ölgemälde und Zeichnungen. Schräg gegenüber ist im Kaštelet, einer von Meštrović umgebauten Burg aus dem 16. Jh., ein bewegender Christus-Zyklus zu sehen (unregelmäßige Öffnungszeiten, Infos in der Galerie).

Museum für kroatische Geschichte (Muzej hrvatskih arheoloških spomenika): S. Gunjače bb,
www.mhas-split.hr, Di–Sa 9–16 Uhr, So 9–12 Uhr, Eintritt 20 Kn.
Archäologische Funde altkroatischer Kultur.

Archäologisches Museum (Arheološki muzej): Zrinjsko-Frankopanska 25, www.mdc.hr, Di–Sa 9–13

und 17–20 Uhr, So 10–12 Uhr, Eintritt 20 Kn.
Prähistorische, griechische, römische und frühchristliche Exponate.
Ethnografisches Museum (Etnografski muzej): Narodni Trg 1, Di–Sa 10–13 und 18–20 Uhr, So 10–12 Uhr, Eintritt 20 Kn.
Ethnografisches Museum mit Trachten, Schmuck und Gebrauchsgegenständen.
Stadtmuseum (Muzej Grada): Papalićeva 1, Di–Fr 9–12, 17–20 Uhr, Sa/So 10–12 Uhr, 10 Kn.
Das Stadtmuseum ist im Haus der Familie Papalić untergebracht, das mit seinem lauschigen Rennaissance-Innenhof für sich schon sehenswert ist. Die Ausstellung zeigt Waffen, Skulpturen und Gemälde sowie den originalgetreu eingerichteten Speisesaal der ehemaligen Besitzer. Erbaut wurde das Haus von Meisterarchitekt Juraj Dalmatinac.
Stadtführung: Perfekte deutschsprachige Führungen unternimmt Suzana Talijan, Tel. 021/46 09 35.

Sport & Strände

Bačvice-Bucht: Hier, hinter der Luka-Bucht im Süden, kann man zentrumsnah baden; es gibt eine Menge Cafés und Restaurants in postmoderner Strandbebauung.

Einkaufen

Die besten Einkaufs- und Boutiquenstraßen liegen im westlichen Teil der Altstadt; vor allem die Schuhgeschäfte sind eine Schau!

Algoritam: Bajamontijeva 2.
Große Auswahl an Reiseführern und Bildbänden in vielen Sprachen, auch Postkarten und Stadtpläne.

Ausgehen

Café Luxor: am Peristyl, Tel. 021/34 67 68.
Ein guter Start in den Abend, und als Zugabe: Die hinteren Räume sind original romanisch erhalten.

Café Bar Winner: Morpurgova poljana bb, Tel. 021/35 63 27.
Kühles Styling und junges Publikum neben dem Kino Karaman.

Star Rock Café: Tončićeva 6, Tel. 021/34 14 17.
Livemusik an Wochenenden.

Disco Metropolis: Matice hrvatske 1, Tel. 021/30 51 10, und **Disco Shakespeare:** Cvjetna 1, Tel. 021/51 94 92, beide erst ab spätabends geöffnet.

Internet-Cafés

100 D: Sinjska 2/4, Tel. 021/34 81 10.
Miriža: Kuručićeva 3, Tel. 021/32 13 20.

Fisch für Genießer im Noštromo

Unten und auf der Galerie des Fischrestaurants Noštromo wird in hellem Ambiente Wert darauf gelegt, dass sich der Gast auf das Wesentliche konzentriert: Fisch und dazu passender Wein. Dass Ersterer frisch ist (der Fischmarkt ist nebenan und man pflegt beste Beziehungen), ist ebenso selbstverständlich, wie dass Zweiterer schon einige Jährchen auf dem Buckel hat.
Restaurant Noštromo, Split, Ul. Kraj Sv. Maria 10, Tel. 021/33 23 47/8/9

Turistička zajednica: Split, Trg Republike 2/1, Tel. 021/35 50 88, Fax 021/35 53 58, www.visitsplit.com. Weiteres Büro im Peristyl: Peristyl bb, Tel. 021/35 50 88.

Tourist Bureau: Obala Hrvatskog narodnog preporoda 12, Tel. 021/34 21 42. Vermittlung von Privatzimmern und Apartments.

Marjan: Obala Kneza Branimira 8, Tel. 021/30 21 11, Fax 021/39 92 10, www.hotel-marjan.com, DZ um 700 Kn.
Mittelklassehotel in Zentrumsnähe; teilrenoviert.

Split: Put Trstenika 19, Tel. 021/30 31 11, Fax 021/30 30 11, www.hotelsplit.hr, DZ um 820 Kn.
Das moderne Haus mit Pool liegt weit außerhalb und ist deshalb nur für Reisende mit eigenem Fahrzeug geeignet.

Park Hotel: Hatzeov perivoj 3, an der Bucht Bačvice, Tel. 021/40 64 00, Fax 40 64 01, www.hotelpark-split.hr, DZ um 900 Kn.
Sehr angenehmes Komforthotel unter privater Leitung (beste Unterkunft der Stadt). Das Zentrum ist zu Fuß noch erreichbar.

Delta: Marmontova, Tel. 021/34 19 22, Sandwich um 15 Kn.
Sandwiches für den Hunger zwischendurch, auch beste Konditorei der Stadt mit mehreren Filialen.

Konoba Kibela: Kraj Sv. Ivana 5, Tel. 021/34 62 05, Mittagsmenü um 100 Kn.

Auf dem Weg vom Peristyl zum Jupitertempel ein kleines Lokal mit bäuerlicher Küche wie etwa Kutteln mit Kartoffeln oder gekochte Wurst mit Bohnen. Mittags viel Andrang, deshalb rechtzeitig kommen, besonders, wenn man einen Tisch in der überbauten Gasse ergattern will.

Noštromo: s. Kasten S. 94.

Tribina: Dioklecijanova 7, Tel. 021/ 36 15 24, Pizza um 35 Kn.
Pizzas und Frappés in einem prächtigen venezianischen Palast aus dem 15. Jh.

Šperon: Šperon 3, Tel. 021/34 69 99, Hauptgericht um 85 Kn.
Urig-elegante Konoba mit exzellenter Fischküche; beliebt bei Promis aus Funk und Fernsehen.

… außerhalb

Šumica: Put Firula 6, Tel. 021/51 59 11, 1 kg Fisch 400 Kn.
Unter Pinien am Meerufer der Firula-Bucht verbringen die Größen in der Verwaltung ihren Tag schwatzend und ausbaldowernd beim Essen.

Bekan: am Hafen Zenta, an die Bucht Firula anschließend, Tel. 021/ 38 94 00, Hauptgericht um 100 Kn.
Unwesentlich billiger als das Šumica, Brasseriestil mit frischem Fisch und Meeresfrüchten.

Fähre: Split ist mittels der Autofähre im 1–2 Std.-Takt mit Supetar auf Brač verbunden, 3–5 x tgl. mit Stari Grad auf Hvar und Rogać auf Šolta. Mind. 2 x tgl. geht die Autofähre nach Vis. Eine Personenfähre verbindet mind. 1 x tgl. Split mit Drvenik und legt auch in Trogir an; täglich kommt auch die Express-Autofähre von Dubrovnik vorbei (Info: Jadrolinija/Split, Tel. 021/ 33 83 33).

Flughafen: 20 km Richtung Trogir, Flugauskunft Tel. 021/20 35 55, www.split-airport.t.hr/split-airport. Linienverbindung nach Zagreb, Pula und Dubrovnik; internationale Flüge; in der Saison Charter z. B. nach Leipzig. **Busse** zum Flughafen starten gegenüber dem Büro der Croatian Airlines an der Riva. Über die Abfahrtszeiten informiert die Croatian Airlines; Preis um 20 Kn, Fahrzeit ca. 40 Min.

Ziele in der Umgebung

Salona: Eine kurze Fahrt vom Stadtzentrum führt zur Ausgrabungsstätte von Salona (tgl. 8–19 Uhr; s. Tour 1, S. 109) an der Küstenmagistrale, die hier im Landesinneren verläuft. Salona war die Hauptstadt Dalmatiens in römischer Zeit. Sehenswert sind besonders die beiden frühchristlichen Basiliken, die über den Gräbern von Märtyrern wie dem Bischof Domnius errichtet wurden. Diese hatte man in der Regierungszeit Diokletians, der als Christenhasser berüchtigt war, in Salona hingerichtet.

Trogir (E 8)

Die Altstadt Trogirs liegt hübsch auf einer kleinen Insel zwischen dem Festland und der Insel Čiovo und ist in beiden Richtungen durch Brücken angebunden. Der 10 000-Einwohner-Ort ist das Widerlager zu Split an der Bucht von Kaštela und Heimathafen ungezählter Motorkutter, die auf Saisongäste warten, um sie hinaus in die Inselwelt der kroatischen Adria zu bringen.

Trogirs Stadtbild entspricht unverändert dem des mittelalterlichen, einst reichen Handelsorts (s. Extra-Tour 1, S. 109). Um in die 1997 zum Weltkulturerbe erklärte Altstadt zu kommen, muss man das umtriebige Marktviertel auf dem Festland hinter sich bringen und durch das Landtor treten. Östlich davon beginnt die ehemalige und nun wieder so benannte Gradska ul.: Aus Dankbarkeit für die schnelle Anerkennung der Unabhängigkeit Kroatiens durch Deutschland hatten die Trogirer Stadtväter ihr Anfang der 1990er Jahre den Namen Ulica Kohl-Genschera verpasst; die Namensänderung konnte sich aber nicht durchsetzen und wurde schließlich zurückgenommen.

Sehenswert

Gradski trg: Den Stadtplatz säumen Bauten aus der Blütezeit Trogirs: Die Kathedrale Sv. Lovre prunkt mit einem herrlichen romanischen Portal von 1240, das Meister Radovan zugeschrieben wird. Die Skulpturen von Adam und Eva rechts und links symbolisieren das Gute und das Böse; Eva hat dabei die linke, schlechte Seite erwischt. Die wundervoll gearbeiteten Skulpturenreliefs am Portal zeigen die Arbeit im Jahreslauf (Fischen, Säen, Ernten etc.). Im Inneren ist besonders die Rennaissancekapelle von Alessi und Fiorentinac wegen der ziemlich eigenwilligen Darstellung Gott-Vaters sehenswert: Er hängt nämlich kopfüber von der Kassettendecke. Aus dem 14. Jh. stammt der Gemeindepalast, Općinska Palača; gegenüber der Kathedrale kontrapunktiert der Uhrenturm der Stadtloggia den Glockenturm von Sv. Lovre, der im unteren Bereich romanisch ist, dann gotisch und schließlich oben als Renaissance-Turm abschließt (vier Jahrhunderte wurde daran gebaut).

Kula Kamerlengo: am südöstlichen Stadtrand, tgl. 8–20 Uhr.
Die Festung mit wuchtigem Rundturm entstand zwischen dem 13. und 15. Jh.; lange diente sie als Open-Air-Kino und wird nun restauriert. Von oben herrlicher Blick über Altstadt und Marina.

Kairos muzej: Gradska ulica, im Kloster Sv. Nikola, tgl. 9–12.30, 15–18.30 Uhr, Eintritt 10 Kn.
Das wichtigste Stück Relief des griechischen Kairos (Gottheit der Gunst des Augenblicks).

Sport & Strände

Baden: Beliebt ist der Kiesstrand des Hotels Medena auf dem Festland im Norden der Altstadt. Von Pinien gesäumt ist der helle Sand-/Kiesstrand Pantan, 1,5 km östlich der Stadt.

Ausgehen

Intermezzo: Ribarska 3, www.intermezzo.com.hr, tgl. 9 Uhr bis 3 Uhr morgens.
Tagsüber ist Intermezzo das angesagte Café; abends und nachts steigen die heißesten Themenparties.

Disco F1: Richtung Split auf der Hauptstraße (nicht auf der Küstenstraße).
Beliebt bei der Techno-Jugend; hier wird nicht nur in der Saison abgetanzt.

Turistička zajednica: Trogir, beim Seetor, Tel./Fax 021/88 14 12, www.trogir-online.com.

Concordia: Obala Bana Berislavića 22, Tel. 021/88 54 00, Fax 021/88 54 01, DZ um 420 Kn.
Nettes kleines Hotel am Hafen von Trogir – als Stützpunkt für ein paar Tage durchaus in Ordnung.

Bavaria: Stadtteil Seget, Tel. 021/88 06 01, Fax 021/88 05 53, www.hotel-bavaria.hr, DZ um 550 Kn.
Privates, ansprechend modernes Drei-Sterne-Hotel oberhalb des Meeres.

Fontana: Obrov 1, Tel. 021/88 57 44, Hauptgericht um 45 Kn.

Beim Dominikanerkloster am Hafen gelegen, gute Fischküche.
Monika: Ulica Budislavićeva 12, Tel. 021/88 48 08, Hauptgericht um 50 Kn.
Köstlich zubereiteter Fisch und Lamm in einem lauschigen Innenhof.
Alka: Kazotiča 15, Tel. 021/88 18 56, Hauptgericht um 65 Kn.
Leckere Grillgerichte und Pizza.

Vis (E 10)

Das 90 km² große Vis mit 5000 Einwohnern liegt weit draußen im Meer, die Anfahrt dauert gut zwei Stunden. Fast 600 m überragt der Gipfel Hum die Insel. Obwohl es nur wenig Quellwasser gibt, ist die Insel ihres roten Bodens wegen für den Weinanbau gut geeignet. Einst gehörte Vis zu Österreich-Ungarn, und vom damaligen Lissa aus versenkte die Marine des Kaisers Franz-Joseph am 20. Juli 1866 unter Admiral Tegetthoff vor der Küste einen Teil der italienischen Flotte – ein wichtiger Grund für Österreicher, die Insel auch heute noch in großer Zahl zu bewallfahren. Ein Denkmal und Grabstätten erinnern an die Zeit.

Sehenswert

Titova špilja: Auf einem Feldweg erreicht man nordwestlich des Dorfes Zena Glava im Inselinneren eine Höhle, wo sich Tito im Zweiten Weltkrieg versteckt haben soll. Von hier aus kann man auch weiter auf den Hum wandern.
Issa: Die antike Stadt nördlich von Vis beim gleichnamigen Hotel zeigt noch Fundamente und Mosaikreste. Die Größe des Theaters lässt vermuten, dass hier einst 12 000 Menschen lebten.

Sport & Strände

Baden: Vis besitzt viele kleine Buchten, die aber nur mit dem Boot zu erreichen sind. Eine schöne mit Auto erreichbare Bucht ist Rukavac unterhalb Podstražje. Sand findet man auf Biševo in der Bucht Salbunara.
Tauchen
Issa Diving Center: Komiža, Tel./Fax 021/71 36 51, www.diving.hr/idc.
Tauchausflüge.
Dodoro Diving: Vis-Ort, Tel. 021/71 13 11, www.dodoro-diving.com.
Schulung, Geräteverleih.

Turistička zajednica: Vis, Šetalište Stare Isse 5, Tel. 021/71 70 17, Fax 021/71 70 18, www.tz-vis.hr.

Biševo: Ribarska 72, Komiža, Tel. 021/71 31 44, Fax 021/71 30 98, DZ um 500 Kn.
Ferienhotel mit 150 Zimmern am Strand.
Paula: Vis-Ort, Petra Hektorovića 2, Tel./Fax 021/71 13 62, www.hinet.hr/paula-hotel, DZ um 550 Kn.
Kleines, freundliches Privathotel mit gutem Mittelklassekomfort.

Konoba Roki's: Plisko Polje, Tel. 021/71 40 04, Hauptgericht um 60 Kn.
Viele typische Gerichte, die über *sir & pršut* hinausgehen.

Fähre: 2 x tgl. Autofähre zwischen Split und Vis-Ort (Info: Jadrolinija/Split, Tel. 021/33 83 33).

Ziele in der Umgebung

Biševo: Von Vis-Ort und Komiža aus werden Bootsfahrten zu der kleinen Insel organisiert, die berühmt für ihre Blaue Höhle – Modra špilja – ist. Der

Besuch ist mit einem Badeaufenthalt und einem Mittagessen mit Fisch verbunden.

Zadar (C 6)

Während im südlichen Dalmatien die Illyrer lebten, war Zadar Siedlungsgebiet der Liburner, tüchtiger Seefahrer, die viel herumkamen, so dass ›Adria‹ eine Ableitung des Stadtnamens Zadar sein soll. Seit dem 4. Jh. besteht das Bistum Zadar. Im Zweiten Weltkrieg wurden bei Luftangriffen 60 % der Altstadt zerstört, der serbisch-kroatische Krieg führte ebenfalls zu Bombardements. Trotz aller Misslichkeiten ist Zadar mit seinen 90 000 Einwohnern eine lebhafte, moderne Stadt, deren altes Zentrum einlädt zum Flanieren auf der Hauptgasse Široka ulica oder, wie die Einheimischen, dem italienischen Erbe verpflichtet, sie nennen: *Calle larga*, ›breite Straße‹.

Sehenswert

Stari Grad (Altstadt): Die Halbinsel war früher nur über eine Zugbrücke mit dem Festland verbunden. Der kleine Hafen Foša ist ein Überbleibsel des Durchstichs. Hier finden sich auch das Land- und das Zolltor, Letzteres ist heute Teil des Restaurants Foša.

Rechts hinter dem Landtor weitet sich der **Trg pet bunara** (›Platz der fünf Brunnen‹): Früher musste man in Zadar jeden Tropfen Regenwasser auf-

Abschied von Vis: Abfahrt der Fähre

fangen und in Zisternen lagern. Unter dem Platz ist eine der größten der Stadt.

Sv. Šime: In der Kirche liegt die Mumie des hl. Simeon in einem Schrein aus 250 kg Silber und Gold, getragen von Bronzeengeln, die man aus türkischen Kanonen goss. Jeden Sonntag und am 8. Oktober (seinem Namenstag) werden der Deckel und die Frontpartie geöffnet, so dass man ihm huldigen kann.

Calle larga (Široka): Der Platz Narodni trg ist der Sammelpunkt der städtischen Jugend, die hier im Schatten von Stadtwache (Gradska Straža) und Rathaus flirtet. Das Café Lovre beherbergt in seinem Inneren die Ruine der Kapelle Sv. Lovre aus dem 11. Jh. Folgt man den Gassen Richtung Fußgängerbrücke und Hafen, gelangt man zum Stadtmarkt.

Forum: Das alte Forum aus der Römerzeit säumen das Archäologische Museum, die Kathedrale Sv. Stošija sowie Kirchen wie Sv. Marija (in deren Seitengebäude eine Ausstellung sakraler Kunst zu finden ist). Dass hier einmal römische Bauwerke standen, sieht man an den Marmorsäulen, die über den ganzen Platz verstreut die Erinnerung an fremde Götter wachrufen (s. Tour 1, S. 108).

Sv. Stošija: Die vielen Altäre wurden nicht speziell für die im 14. Jh. erbaute Kathedrale geschaffen, sondern mit der Zeit aus kleineren Kirchen zusammengetragen und integriert. Bis 1993 beherbergte die Kathedrale die älteste Orgel Kroatiens, eine serbische Granate zerstörte sie.

Stadtführungen: Frau Goić, Tel. 023/31 75 13, auf Deutsch.

Archäologisches Museum (Arheološki muzej): Šimuna Kožičića Benje bb, Tel. 023/25 05 16,

Das Gold und Silber von Zadar

Dem Kloster der Benediktinerinnen kommt die Ehre zu, einen grandiosen Kirchenschatz (einer der schönsten weltweit) über die Kriege des 20. Jh. gerettet zu haben. Die Gemälde und Reliquien sind auf äußerst geschmackvolle Weise in kühlem Halbdunkel arrangiert und perfekt ausgeleuchtet.

Museum Zlato i Srebi Zadre: Madijevaća bb, Mo–Fr 10–12.30 und 18–19.30, So 10–12.30 Uhr, Eintritt 20 Kn.

Mo–Sa 9–13 und 18–21 Uhr, im Winter 8–14 Uhr, Eintritt 20 Kn.
Das Museum beleuchtet die Frühzeit, das römische Zeitalter und das Mittelalter. Die Außenstelle des Museums in Nin (s. S. 103) ist ebenfalls besuchenswert, dort fanden in den 1960er Jahren viele Ausgrabungen statt.

Sport & Strände

Puntamika: Die Einwohner Zadars gehen zum Baden an die Molen des Hotelunternehmens Borik in Puntamika. Dort Infrastruktur mit Wasserrutschen etc.

Nationalpark Paklenica: 45 km nordöstlich, vielfältige Wander- und Klettermöglichkeiten (s. S. 81).

Ausgehen

Café Lovre: Narodni Trg 1, Tel. 023/21 26 78.
Ein stimmungsvoller Platz für den frühen Abend.

Kinozentrum: Ul. Marka Ore Škovića (nördlich der Altstadt im Industrieviertel).
Angeschlossen ist die Disco Gotham (Tel. 023/20 02 89); wer eine Kinokarte löst, darf auch zur Disco bleiben.

Barracuda: Disco in Puntamika am Ende der Marina, öffnet jedoch nur im Sommer ab ca. 23 Uhr.

Feste & Unterhaltung

Musikabende in Sv. Donat (Glazbene večeri u Sv. Donatu): Der

Schwerpunkt liegt auf mittelalterlicher und sakraler Musik – in der Kirche am Forum ein einmaliges Erlebnis (Juli u. August).

Turistička zajednica: Zadar, I. Smiljanića bb, Tel. 023/21 24 12, Fax 023/21 17 81, www.zadar.hr.

Youth Hostel Zadar: Ob. Kneza Trpimira 76, Tel. 023/33 11 45, Fax 023/33 11 90, www.hfhs.hr.
Freundliche Jugendherberge: Schlafplatz um 80 Kn.
Puntamika: im Stadtteil Puntamika, Tel. 023/20 64 00, Fax 023/33 20 65, www.hoteliborik.hr,
DZ um 450 Kn.
Das schon etwas betagte Strandhotel wurde renoviert und bietet Mittelklassekomfort.
Kolovare: Bože Peričića 14, Tel. 023/20 32 00, Fax 023/20 33 00, www.tel.hr/hotel-kolovare-zadar,
DZ um 700 Kn.
Drei Sterne, Großhotel mit Kunstlederclubsessel-Muranoglasimitatlüster-Empfangshallenarchitektur, Pool und eigenem Strand. Allerdings relativ zentrumsnah!
President: Vladana Desnice 16, Puntamika, Tel. 023/33 34 64, Fax 023/33 35 95, www.hotel-president.hr, DZ um 900 Kn.

Bestes Haus in Zadar, nur das Personal müsste noch etwas besser angelernt werden.

Camping

Holiday Village Zaton: Zaton (15 km von Zadar), Široka ul. bb, Tel. 023/ 28 02 11, Fax 023/26 42 26, www.zaton.hr.
Groß-Campingplatz an einem angenehmen Kiesstrand; breites Sport- und Animationsprogramm.

Albatros: Obala Kneza Trpimira 50, Richtung Puntamika, Tel. 023/33 30 35,
Fisch um 380 Kn/kg.
Fischküche am Hafen zwischen Altstadt und der Hotelanlage Borik.

Konoba Marival: Don Ive Prodana 3, Tel. 023/21 32 39,
Hauptgericht um 60 Kn.
Zünftiges Lokal in der Altstadt nahe dem Narodni trg.

Konoba Martinac: A. Paravije 7, Tel. 023/25 15 89, Hauptgericht um 65 Kn.
Fisch und Fleisch in der Altstadt.

Nico: Richtung Puntamika, Kneza Domagoja 9, Tel. 023/33 11 38, Fischgericht ab 80 Kn.
Nette Atmosphäre, bester Fisch und gute Weinauswahl.

Roko: Put Dikla 47, auf dem Weg nach Puntamika, Tel. 023/33 10 00,
Hauptgericht um 55 Kn.
Gute Fischküche zu erschwinglichen Preisen an der Hauptstraße.

Mediterrane Capitale mit viel Geschichte: Zadar

Foša: Ante Kuzmanića, Tel. 023/31 44 21, Fisch ab 80 Kn.
Hübsch am Hafen gelegen und seit Jahrzehnten eines der beliebtesten Fischrestaurants in Zadar. Der Service ist gelegentlich schleppend, aber es lohnt sich, Geduld zu haben.

Flughafen: Zračna Luka Zadar, 8 km außerhalb, Fluginformation: Tel. 023/20 58 00.
Fähre: Fährverbindungen nach Dugi Otok (2 x tgl.), nach Ugljan und Pašman (fast stündlich), nach Iž, Zut, Rava, Sestrunj, Ist und Molat, mehrmals pro Woche Autofähre nach Split/Dubrovnik bzw. Rijeka sowie nach Ancona; Info: Jadrolinija/Zadar, Tel. 023/25 05 55.

Ziele in der Umgebung

Cerovačke-Höhlen: 75 km Fahrt nach Gračac, von dort noch 3 km Richtung Split. Zwischen 9 und 17 Uhr im Sommer tgl. Führungen (sonst tel. Anmeldung bei Veselko Jurić, 23440 Gračac, Zagrebačka bb, Tel./Fax 023/ 77 30 95 oder Mobil-Tel. 091 250 19 87, beti.juric@zd.tel.hr). Nach 10 Min. Fußmarsch kommt man zum Eingang der ersten Höhle auf 621 m Höhe, weitere 10 Min. sind es zur zweiten auf 671 m Höhe. Beide Höhlen sind auf einer Länge von je 750 m zugänglich, die gesamte Führung dauert 2 Std.; in den Höhlen wurden steinzeitliche Artefakte und Knochen von Höhlenbären gefunden.
Karlobag: 90 km nördlich von Zadar liegt an der Küste die kleine Ortschaft Karlobag. Von hier geht es 18 km hinauf auf 1000 m Höhe ins Velebit-Gebirge. Beim Hotel Velebno (Tel./Fax 053/67 40 01) kann man sich einquartieren und Kontakt zu einem Wanderführer aufnehmen (ca. 300 Kn pro Tag, 20 Tage Voranmeldung).
Nin: Kleiner, hübscher Ort 20 km nördlich von Zadar mitten in einer Lagune, erreichbar nur zu Fuß über ein zierliches Brücklein. Ein Ableger des Archäologischen Museums von Zadar (Mo–Sa 9–13 und 18–21 Uhr, So 9–13 Uhr, Eintritt 10 Kn) zeigt Funde aus Frühzeit und römischer Epoche. Ein Spaziergang abseits der Hauptstraße führt zu mitten im Dorf gelegenen Ausgrabungsstellen, wo sich römische Trümmer zwischen den Bauernhäuschen ducken.

Essen kann man am besten im Gärtchen der ›Gostonia Aenona‹ (Tel. 023/26 40 52) bei der frühkroatischen Kirche Sv. Križ.

Ausflug

Zahlreiche Wanderwege erschließen den Nationalpark von Plitvice

Plitvice

Der 29 462 ha große Nationalpark Plitvička jezera ist eine der eindrucksvollsten Naturschönheiten Kroatiens und Karl-May-Fans als Drehort vieler Szenen der Winnetou-Filme bekannt. 16 große und kleine Seen schimmern in dichtem Waldesgrün in allen Nuancen von Dunkelblau bis Helltürkis; dazwischen stürzen ihre Wasser und Zuflüsse kahle Felswände herunter oder hüpfen munter über niedrige Travertin-Stufen, es sprudelt, rauscht, murmelt und gurgelt, wie graue Schatten huschen Forellen unter der Wasseroberfläche dahin, Libellen tanzen zwischen Tautropfen und Sonnenlicht – kurzum: Plitvice ist ein märchenhaft verwunschenes Feenreich.

Nach der eher deprimierenden Fahrt von der Küste durch die deutlich vom Krieg gezeichneten Dörfer der Hochebene Gačko polje, in denen der Wiederaufbau offensichtlich nur langsam vorangeht, wirkt Plitvice wie ein Traum. Dabei wurde auch hier 1995 gekämpft, jedoch sind die Spuren beseitigt, und viele Tiere sind in ihre bewaldete Heimat zurückgekehrt. Neben Hasen, Rehen, Hirschen, Füchsen und Wildschweinen sind die Parkhüter stolz auf die wachsende Population von Wölfen, Braunbären, Luchsen und Wildkatzen (s. Tour 4, S. 114).

Sehenswert

Kozjak: Der größte See von Plitvice erstreckt sich am Eingang 1 über eine Fläche von 81,5 ha und bildet zugleich die Grenze zwischen den Oberen und Unteren Seen. Mit etwa 46 m ist er zugleich auch der tiefste See im Nationalpark.

Donja jezera: Die ›unteren Seen‹ füllen den Grund einer schroffen Schlucht, deren Felswände teils senkrecht die türkisen Wasser begrenzen. Auf dem Wanderweg entlang der schmalen, oft nur wenige Meter tiefen Seen trifft man auch auf einen 76 m hohen Wasserfall, den höchsten des Nationalparks.

Gornja jezera: Die ›oberen Seen‹ liegen in einem weiteren Talkessel, der dicht bewaldet ist. Von dem größten, dem **Prošćansko jezero** (68 ha) staffeln sich kleinere und größere Seen zwischen mehreren natürlichen Tuffsteindämmen hinunter bis zum Kozjak.

Wanderung: Am besten unternimmt man zwei Besichtigungstouren: Der Weg um die Donja jezera ist am frühen Morgen besonders schön, weil die Sonne nur vormittags für ideale Lichtverhältnisse sorgt (Dauer etwa 2–3 Std.).

Der Nachmittag gehört den Gornja jezera, einer wildromantischen, von vielen kleinen Fällen und winzigen Seeflächen gesprenkelten Landschaft, die durch Stege und Brücken erschlossen ist (etwa 3–4 Std.). Man wandert durch Farnhaine, sieht Felsen weiß zwischen dunklen Laubbäumen blitzen und vom Kalk umhüllte Pflanzen auf dem Grund der Wasserflächen wuchern.

Sport & Strände

Marathon: Ende Juni findet der beliebte ›Family Marathon‹ statt. Die Laufstrecke führt wahlweise über 7, 16 oder 42 km. Anmeldung und Infos bei der Nationalparkverwaltung.

Nacionalni park Plitvička jezera: Plitvička jezera, Tel. 053/75 10 15, Fax 053/75 10 13, www.plitvicka-jezera.hr, www.np-plitvice.com.
Informationen gibt es bei den beiden Eingängen. Am besten lassen Sie sich eine Route je nach Tageszeit und Konstitution empfehlen!

Autokamp Korana, Plitvička jezera, Tel. 053/75 18 88, Stellplatz: 38 Km/Person, 22 Kn/Zelt, 15 Kn/Auto; Bungalows um 210 Kn.
Schattiger, Ende 1998 renovierter Zeltplatz 6 km nördlich vom Eingang beim Hotel Jezero an der Hauptstraße. Vermietung von Bungalows, Restaurant; geöffnet von Mai bis Ende September.
Plitvice: Plitvička jezera, Tel. 053/ 75 11 00, Fax 75 11 65, DZ um 500 Kn.
Auch dieses Hotel soll renoviert werden. Vorläufig kann man in dem angenehmen, etwas veralteten Haus aber noch günstig wohnen.
Jezero: Plitvička jezera, Tel. 053/751 54 00, Fax 053/ 75 16 00, www.np-plitvice.com, DZ um 750 Kn.
Komplett renoviert und mit allem Komfort ausgestattet; sehr gutes Restaurant, Pool, Kinderclub und Blick auf den Kozjak-See. Abends tanzen die Glühwürmchen um die Terrasse.
Autokamp Korana: Plitvička jezera, Tel. 053/75 18 88.
Der Zeltplatz liegt 8 km vom Eingang beim Hotel Jezero entfernt.

Lučka kuča: am Nordeingang, Tel. 053/75 10 24, Hauptgericht um 60 Kn.
Nettes Restaurant mit deftigen Fleischgerichten und Forellen vom Grill.
Restaurant des Hotels Jezero: s. Unterkunft, Hauptgericht um 80 Kn.
Feine Küche, vor allem die frischen Forellen sind empfehlenswert.

Bus-Ausflüge nach Plitvice werden in allen Ferienorten angeboten. Je nach Ausgangspunkt dauern sie ein bis zwei Tage. Mit **öffentlichen Verkehrsmitteln** ist der Nationalpark ab Split und Zadar direkt zu erreichen. Busse von und nach Zagreb halten an den beiden Eingängen.

Erkundung des Nationalparks

Zwei **Eingänge** führen zu den Naturschönheiten des Nationalparks: einer unterhalb des Hotels Jezero, der zweite am nördlichen Ende der Seenkette, die von Nord nach Süd über mehrere Stufen 130 m Höhenunterschied hinaufklettern. An den Seen entlang verlaufen hervorragend unterhaltene und markierte **Wanderwege,** und wer genug gelaufen ist, kann den Rückweg in einem elektrisch betriebenen **Panoramabus** oder per **Schiff** antreten, das den größten See Kozjak in seiner gesamten Länge überquert.

Extra-

Fünf Entdeckungstouren in Dalmatien

1. Roms Gloria, Venedigs Eleganz – Die dalmatinische Küste hinunter
2. Karge Schönheit für Individualisten: Nach Pag, Dugi Otok und auf die Kornaten

Alle Touren sind auf dem großen Faltplan eingezeichnet

Touren

3. Dalmatinisches Inselhüpfen: Brač, Makarska, Hvar und Korčula
4. Nationalparks an der Küste: Paklenica, Krka und Biokovo-Gebirge
5. Ragusas Handelsimperium: Von Dubrovnik nach Pelješac, Lopud und Šipan

Tour 1

Modernes Leben zwischen römischen Monumenten: hier in Split

Roms Gloria, Venedigs Eleganz

Die dalmatinische Küste hinunter

Die Küstenmagistrale verbindet die Hafenstädte, die als Sitze römischer Statthalter begannen und als venezianische Handelsniederlassungen das Mittelalter aufblühen ließen. Kleine Orte mit heimeligen, doch immer auch prächtigen Plätzen laden zum Besuch, aber ebenso große, stolze städtische Siedlungen, wo sich die Vergangenheit in den Altstadtgässchen und auf breiten Promenaden erleben lässt.

Von Rijeka kommend, erreicht man bei **Karlobag** (S. 103) Dalmatien. Weit über 1500 m ragt das Velebit-Gebirge aus dem Meer, und die Straße schwebt zwischen Bergmassiv und dem Velebitski Kanal, der das Festland von der kargen Insel Pag trennt. Bei Prizna setzt man nach **Pag** (S. 77) über. In Novalja birgt ein erstes kleines Museum den Zugang zu einer unterirdischen, römischen Wasserleitung (s. S. 78).

Römischer Stadtplan

Zadar (S. 98) – das antike *Iadera* – besitzt mit seinem Hauptplatz ein schönes Beispiel für die Erinnerung an römische Vergangenheit und deren Integration in mittelalterliche Baukunst. Zadar wurde von den Venezianern zu Beginn des 15. Jh. gekauft und blieb bis Ende des 18. Jh. in ihrem Besitz. Sie machten die Stadt zum Zentrum Dalmatiens. Überall erinnert der venezianische Löwe an die Mutterrepublik, während die Säulen der Lateiner als Stümpfe zum Sitzen einladen.

Weiter nördlich, am Beginn einer Landzunge, zeigt **Nin** (S. 103) im Kleinen, was Zadar im Großen ist. Neben niedrigen Bauernhäusern befinden sich die Ausgrabungen ehemals grandioser römischer Bauten.

Bewegte Geschichte

Entlang der vorgelagerten Inselwelt der Kornaten geht es nach Süden nach **Šibenik** (S. 86). Nicht Römer, sondern Kroaten gründeten die Stadt, und in ihrer Geschichte musste sie sich vieler Versuche der Eroberung erwehren – was nicht immer gelang: 1412 übernahmen sie die Venezianer und hinterließen eines der schönsten Sakralgebäude der gesamten Adria, die Kathedrale Sv. Jakov. An ihr wurde mehrere Jahrzehnte gearbeitet; berühmtester Baumeister war Juraj Dalmatinac, ein Sohn der Stadt und im 15. Jh. eine Art Superstar unter den Bildhauern. Wer so angesehen war, konnte sich Extravaganzen leisten: Den Apsiden setzte er ein Band aus 70 Portraits von jungen und alten, vornehmen und armen Šibenikern auf.

Wer aber die perfekte Synthese römischen Glanzes, venezianischen Hochmuts und moderner mediterraner Lebensart sucht, wird in **Split** (S. 90) fündig, der größten Stadt Dalmatiens. Fast die halbe Altstadt nimmt der Kaiserpalast des Diokletian ein, fast 2000 Jahre Kulturleben haben sich in dieses Bauwerk gefressen. Heute durchforscht man die römische Unterwelt, spaziert an Sphinxen vorbei, wird von venezianischen Löwen gegrüßt, begeistert sich für norditalienischen Barock und ruht bei einem Cappuccino in Straßencafés auf antikem Grund.

Salona (S. 95), Hauptstadt der römischen Provinz Dalmatien, befindet sich oberhalb von Split nahe der Umgehungsstraße. Prächtig muss die Siedlung gewesen sein, ausgestattet mit allen Macht- und Kulturinsignien einer Weltmacht. Heute befindet man sich auf dem Ruinenfeld mit den Fundamenten von Forum, Kapitolstempeln, Badehäusern und Theatern meist allein.

Kastelle und Kirchen

Über die Küstenstraße an der malerischen **Kaštela-Bucht** (S. 60), wo Venedig unter der Auflage, die Bucht mit Festungen zu schützen, mehrere Lehen an Adlige vergeben hat, erreicht man von Split aus **Trogir** (S. 95). Diese Stadt bietet das Kontrastprogramm zu Rom und Venedig, ist die Stein gebliebene mittelalterliche Erinnerung an eine Zwischenzeit. Nicht mehr römisch, noch nicht venezianisch, hat sich ein perfektes Inseldorf erhalten, wohl inspiriert durch die Venezianer, doch mit Wurzeln fest im Boden des beginnenden 2. Jahrtausends und der Romanik: Meister Radovan, der im 13. Jh. die Skulpturen am Portal der Kathedrale meißelte, stellte Adam und Eva rechts und links neben den Eingang. Eine Seite symbolisiert das Gute, die andere das Böse – wem wohl die böse Rolle zufällt?

Das Tal der **Neretva** (S. 74) ist die fruchtbarste Region an der dalmatinischen Küste – was auch die Römer auszunutzen verstanden. Hoch auf den Hügeln mag man des unterschiedlichen Pflanzengrüns wegen noch die Stadtanlagen von Narona erahnen, einfache Bauernhäuser haben zum Schutz vor Geistern Römisch-Antikes in ihre Mauern integriert, und ein kleines Museum zeigt Fundstücke der Grabungen.

Dubrovnik (S. 46) schließlich war die meiste Zeit als Republik eigenständig und Gegenspielerin Venedigs, doch hat sie viel von jener Kultur übernommen und auch die Baumeister der Serenissima beschäftigt. Die errichteten nicht nur Paläste und Kirchen, sondern auch die unbezwingbaren Mauern, auf denen man spazieren gehen und die Schönheit Dubrovniks von oben bewundern kann.

Tour-Info

Auto-Route, 550 km Länge, entlang der dalmatinischen Küste. Man sollte sich möglichst eine Woche Zeit nehmen.
Saison: Am besten fährt man in der Vor- und Nachsaison. Noch im November ist es warm genug für einen Cappuccino im Straßencafé, doch zugleich kühl genug für Besichtigungen.
Events: Historische Bauten in besonderer Stimmung erlebt man z. B. bei den Konzerten in Sv. Donat (Zadar) oder im Rektorenpalast von Dubrovnik (in der Hochsaison, Programm bei den Info-Stellen).

Karge Schönheit für Individualisten

Nach Pag, Dugi Otok und auf die Kornaten

Die von der Bura nackt geschliffenen Inseln Norddalmatiens und das unter Naturschutz stehende Archipel der Kornaten sind auf einer kombinierten Auto- und Bootstour in etwa drei Tagen zu erkunden – aber die meisten Besucher verfallen der herben Schönheit und bleiben länger als geplant.

Pag

Nähert sich der Besucher **Pag** (S. 77) mit dem Schiff vom kleinen Fährhafen Prizna aus, wird er bleich wie der Fels der Insel. Wie in der Sonne jeglicher Farbe verlustig gegangenes Gebein wirkt der Rücken Pags im Azur des Wassers, und erst wenn man den Inselboden betritt, ist die spärliche Grasnarbe zu bemerken, die der einzige Bewuchs weiter Teile der Insel ist.

Eine üppigere Landschaft findet der Gast gleich nach der Ankunft in **Žigljen** auf der Landzunge nördlich Novalja. Vor Jahrhunderten wurden hier Olivenbäume gepflanzt, der Platz für sie wurde dem Boden abgerungen, Steine schichteten die Bewohner im Kreisrund und dort hinein wurde der Samen gelegt. Unbarmherzig pfiff die Bura über die schmale Zunge, die jungen Pflanzen benötigten Schutz. Glücklich größer geworden, haben sich die Bäume der Situation angepasst und ihre Kronen mit dem Wind geneigt, Italien entgegen. Die zweite Überraschung ist im äußersten Süden der Insel bei **Vlašici** zu finden: In einem kleinen, üppig-grünen Tal gedeihen Weinreben – und ihr Saft ist nicht der Schlechtesten einer.

Vornehmlich bestimmen jedoch Steinmauern das Bild der Insel Pag. So hat man kleine Areale eingehegt, auf denen Schafe und Ziegen ihr Auskommen finden. Fällt steifer Wind vom Velebit-Gebirge des Festlandes herunter, steht das Vieh eng zusammengeduckt an den Trockenmauern und gibt das Sinnbild für die Insel ab, deren Name an der ganzen Küste untrennbar mit Käse verbunden ist. So karg die Insel ist, die Kräuter, die auf ihr wachsen, geben der Schafsmilch ein besonderes Aroma, das sich im Käse wiederfindet und ihn für seinen Geschmack berühmt macht.

Nicht nur karge Landschaft, auch Badestrände gibt es zuhauf, es gilt nur, sie zu entdecken. Meist ist dies nur mit einem Boot möglich, das man in **Pag-Ort** mieten kann. Damit wird man in der großen lagunenartigen Bucht von Pag einsame kleine Buchten finden – und Sand, eine der wenigen Gelegenheiten, in Dalmatien auf feinkörnigem Boden ins Wasser zu stapfen.

Dugi Otok

Auf einer Brücke verlässt man Pag in Richtung **Zadar** (S. 98), wo die Fähre nach **Dugi Otok** (S. 53) ablegt. Weit draußen liegt das Eiland, vor den Gebirgswinden durch die Barriere der Inseln Ugljan und Pašman geschützt. Deshalb ist Dugi Otok nicht so karg und Macchia wechselt mit Pinien und Zypressen.

Dugi Otok ist mit eine der ursprünglichsten Inseln Dalmatiens, wohl auch, weil sie so abseits jeglicher Routen liegt und die Anfahrt zum Ort **Brbinj** im Norden relativ lange dauert. Vielleicht kommen aber auch so wenig Menschen, weil bislang die benachbarte Inselwelt der Kornaten Dugi Otok den Rang abgelaufen hat und es sich noch nicht herumgesprochen hat, dass die Insel einen mindestens ebenso schönen Strand besitzt wie der berühmte Zlatni rat auf Brač: Das Kleinod (Kies, grober Sand) liegt in der Nähe von Soline und ist unbedingt einen vertrödelten Nachmittag wert.

Folgt man dem schmalen Grat, der Dugi Otok ausmacht, nach Sali im Süden und weiter, hat man herrliche Ausblicke in den Westen und den Osten. Schließlich wird die Landschaft etwas rauer und das Grün tritt zurück. Man nähert sich den kahlen Bergen, bei Sali beginnt der Naturschutzpark der lang gestreckten **Telašćica-Bucht** (S. 53), wo die Besucher der Kornaten mit ihren Schiffen ankern. Mit dem Auto kann man ein Stück dem Buchtverlauf folgen und weiter zu Fuß zu einem Brackwassersee gelangen. Ab hier benötigt man endgültig ein Boot, um in die Inselwelt der Kornaten hineinzuschnuppern.

Kornaten

Die mit dem Festland durch eine Drehbrücke verbundene **Insel Murter** (S. 72), südlich von Zadar, ist mit ihrem gleichnamigen Hauptort mit Yachthafen und vielen Marinas Ausgangspunkt für Ausflüge in die Kornaten. Die Inseln sind zum Nationalpark erklärt, nur mit dem Boot erreichbar und ihre betörende und unberührte Schönheit hat sich in vielen Fotos niedergeschlagen. Fast weiß schweben auf ihnen die Inseln, Inselchen und Riffe in türkisfarbenem Wasser. Unbewohnt sind die Inseln, nur zur Saison kommen die Restaurantbetreiber und verköstigen die ungezählten Touristen auf ihren Yachten in den Buchten, die Ruhe suchen und sie im Juli und August doch nicht finden. In der Vor- und Nachsaison jedoch sind die Kornaten das Paradies auf Erden.

Tour-Info

Auto-Tour, knapp 200 km, drei Fährübersetzungen.
Fähren: Zwischen Prizna und Pag in der Hochsaison Non-Stop-Dienst, sonst etwa stündlich; von Zadar nach Dugi Otok starten die Fähren um 10, 13.30 und 20 Uhr. Zurück aufs Festland nur am Wochenende um 19.10 Uhr.
Saison: Beste Zeit für diese Tour ist der Frühsommer, in der Hochsaison sind die Kornaten überlaufen. Im Herbst kann die Bura zu heftig blasen … Infos zu Häfen, Buchten, Wasserwegen in Kroatien: www.skippertipps.de.
Organisierte Tour: s. S. 72.
Kayak-Touren: z. B. Huck Finn in Zagreb, Tel. 01/618 33 33, www.huck-finn.hr.

Tour 3

Mit der Fähre immer entlang der Küste

Dalmatinisches Inselhüpfen

Nach Brač, Makarska, Hvar und Korčula

Wie auf einer Kette aufgereiht liegen die dalmatinischen Inseln vor der Küste, doch so schön es auch wäre, von Insel zu Insel zu springen – es ist nur bedingt möglich. Verbindungen mit Autofähren bestehen meist nur zwischen dem Festland und einer Insel; von Insel zu Insel fährt bestenfalls ein Schiff für den Personenverkehr.

Ein bisschen einfacher ist das Inselhüpfen bei den drei wie schräge Speichen angeordneten Inseln Brač, Hvar und Korčula, die parallel zueinander liegen und in den Nordwesten von der Küste weg ausgerichtet sind. So setzt man von Split nach Supetar auf Brač über, verlässt es von Sumartin Richtung Makarska, fährt hinunter nach Drvenik, setzt nach Sućuraj auf Hvar über, quert die Insel bis Hvar-Ort, wo man die Fähre von Split nach Vela Luka auf Korčula nimmt. Von Korčula-Ort nimmt man die Fähre nach Orebić auf der Halbinsel Pelješac und erreicht auf der Straße in den Süden Dubrovnik.

Brač

Von **Split** (S. 90) kommend ist **Supetar** auf Brač (S. 40) die erste Station. Im Halbrund liegen die niedrigen Häuser an der Bucht, in die das große Fährschiff seine Passagiere und Fracht entlässt. Bis heute ist die Ankunft der Fähre ein Ereignis für viele Menschen im Ort; Privatzimmer werden angepriesen, Gastwirte holen längst erwartete Waren ab, und Landwirte warten mit frischem Obst und Gemüse, das aufs Festland verschifft werden soll.

Brač ist ausgesprochen hügelig und besitzt viele tief eingeschnittene Täler, deren Böden sehr fruchtbar sind. Auf einer Fahrt zur höchsten Erhebung kann man diese starke Gliederung erleben. Im Westen der Insel liegt **Bol,** der touristisch wichtigste Ort. Hier findet sich der schönste Strand und eine ganze Sammlung von Ferienhotels. Der Strand, **Zlatni rat,** besteht aus feinem Sand bei einem Pinienwäldchen. Geologisch Interessierte dürfte ein Besuch des Marmorsteinbruchs bei dem Weiler **Pušćica** beeindrucken: Der strahlend weiße Kalkstein war bereits in der Antike ein begehrter Baustoff; er schmückt u. a. den Diokletianspalast in Split und das Weiße Haus in Washington.

Makarska

Von Sumartin aus verlässt man Brač Richtung **Makarska** (S. 68); die Fähre zieht einen weißen Gischtschleier hinter sich her. An der grandiosen Kulisse des Naturschutzparkes Biokovo-Gebirge passiert man die Riviera von Makarska; die Küste ist gesäumt von mehr oder minder reizvollen Hotels; die alten Orte von Makarska liegen weiter oberhalb, in sicherer Entfernung vom Meer, von dem stetig Gefahr in Gestalt von Piratenschiffen drohte. Eine Rast an der Palmenpromenade von Makarska und ein Besuch im Stadtmuseum (Gradski muzej) entführen in die ersten Jahrzehnte des Makarska-Tourismus. Historische Aufnahmen zeigen die ersten Besucher an der windgeschützten Riviera mit Seidenschirmchen, Schoßhündchen und viel Chichi; von Triest her gab's eine Schiffsverbindung für die bessere Gesellschaft aus Wien.

Hvar

Zurück in die Neuzeit: Bei Drvenik erreicht man die Fähre nach Sućuraj auf **Hvar** (S. 54). Hektisch weist das Personal die Fahrzeuge in den Bauch des Kahns, dicht an dicht werden Autos, Kleinlaster und Reisebusse geparkt, denn in der Hochsaison bilden sich an den Fährhäfen lange Warteschlangen von Touristen, die mit Kind, Kegel und Wohnwagen hinüber wollen auf die Ferieninseln. Im Juli und August schaufeln die Schiffe ohne Fahrplan und Pause Gäste auf das Eiland und zurück.

Nach wenigen Metern auf Hvar weiß man, warum das Eiland Lavendelinsel genannt wird. Violette Kleckse in der Macchia verzaubern die Landschaft, und der betörende Duft tut das Seine. An aufgelassenen Schäferhütten, die teils zu Konobas verwandelt wurden, geht es hinauf in den Norden. **Jelsa** ist einer der drei Hauptferienorte der Insel, die alle in der nördlichen Hälfte liegen. **Stari Grad** folgt und schließlich erreicht man **Hvar-Ort,** das bei der Anfahrt wenig Freude aufkommen lässt. Sobald man aber den Wagen geparkt hat und in die Altstadt vorgedrungen ist, wird man vom Charme des Städtchens gepackt sein; auf der Promenade lockt der Espresso.

Korčula

Doch im Hafen nähert sich das Fährschiff der Jadrolinija auf seiner Route von Split über Hvar nach Vela Luka auf **Korčula** (S. 61). Über Blato mit seiner im Juni betäubend duftenden Lindenallee geht es an Weinbergen vorbei nach **Korčula-Ort** (kurz hinter Ćara kann man die schlechtere, aber küstennah verlaufende alte Inselstraße nehmen und hat bis Pupnat herrliche Panoramablicke). Ein letzter Inselsprung führt per Fähre über den Kanal nach **Pelješac** (S. 83) mit seinen köstlichen Weinen und frischen Austern und hinunter nach **Dubrovnik** (S. 46).

Tour-Info

Auto-Tour mit fünf Fährübersetzungen, ca. 400 km.
Fähren: Von Split nach Supetar/Brač stdl.; von Sumartin/Brač nach Makarska um 9, 12 u. 15 Uhr; von Drvenik nach Sučuraj/Hvar alle 90 Minuten; von Hvar-Ort nach Vela Luka/Korčula 10, 14.30 u. 15 Uhr; von Korčula-Ort nach Orebič/Pelješac stündlich.
Saison: Die schönste Zeit für diese Tour ist Ende Juni/Anfang Juli, wenn auf Hvar der Lavendel blüht.
Organisierte Touren: Verschiedene deutsche Veranstalter bieten kombinierte Segel-/Radtouren an. Im Hafen schwingt man sich auf den Drahtesel und erkundet mit dem Reiseleiter die Insel (www.riva-tours.de).

Tour 4

Romantisch: Rendezvous an den Krka-Fällen

Nationalparks an der Küste

Paklenica, Krka und Biokovo-Gebirge

Wer den Weg nach Dalmatien über das Landesinnere und nicht über die Küstenstraße wählt, passiert Novo Mesto in Slowenien und die Grenze vor Karlovac. Von hier bis Makarska sind es ca. 600 km durch faszinierende, ursprüngliche Gebirgslandschaften und Nationalparks, immer wieder unterbrochen von Küstenstrecken. Je nach Aktivitäten – Wandern, Kanufahren etc. – sollte man für die Strecke mindestens 3 Tage, möglichst aber eine Woche einplanen.

Nationalpark Plitvicer Seen

Etwa 110 km hinter der Grenze erreicht man den Nationalpark Plitvička jezera, die Plitvicer Seen, die von der Unesco zum Weltnaturerbe erklärt wurden. Mit Kaskaden und Flüsschen sind unzählige kleinere und größere Seen untereinander verbunden, und der Spaziergang auf den schmalen Pfaden und Holzsteigen durch den üppigen Bewuchs ist ein ganz besonderes Erlebnis. Die 16 Seen schimmern in allen nur vorstellbaren Grün- und Blauschattierungen, dazwischen rauschen Wasserfälle über Felsstufen; Winnetou-Freunden werden die Seen aus den deutschen Verfilmungen bekannt vorkommen. Abends sitzt man in einem der Hotels direkt am Park und kann die Glühwürmchen zwischen den Bäumen leuchten sehen.

Über Gospić erreicht man die Küste bei Karlobag und kommt dabei durch das Schutzgebiet **Velebit-Gebirge.** Beim Hotel Velebno (S. 103), 18 km von der Küste entfernt auf 1000 m Höhe, kann man sich einquartieren und mit oder ohne Führer die seltsamen Landschaftsformen des Gebirges entdecken: Nicht Richtung Meer verlaufende Täler herrschen vor, sondern Poljen, runde Einbrüche des Karst, in denen das Wasser versickert und unterirdisch ins Meer abläuft, ja sogar dieses unterquert und bei vorgelagerten Inseln als Quellen wieder hervorsprudelt.

Nationalpark Paklenica

Von **Starigrad,** 45 km südlich Karlobag, führt ein Abzweig in den Nationalpark Paklenica (S. 81) hinein. Hier heißt es, auf Schusters Rappen steil hinauf zu marschieren. Die zwei Schluchten Velika Paklenica und Mala Paklenica sind von steilen Felswänden flankiert, an denen Freeclimber ihrem Sport nachgehen. Höhlensysteme laden immer wieder zu speläologischen Forschungen ein.

Tagelang kann man durch die Einsamkeit tief im Velebit-Gebirge wandern, nur ab und an wird man auf einen Einsiedelhof treffen; bald werden aber die alten Leute hier nicht mehr wirtschaften, da die Arbeit zu anstrengend ist, alles auf dem Rücken oder mit dem Muli gebracht werden muss; die Jungen haben sowieso schon die Gegend verlassen.

Bei Rovanjska wendet man sich wieder ins Landesinnere Richtung Gračac und Knin. 3 km hinter Gračac gilt es, ein Höhlensystem mit fantastischen Sinterformationen im Karst zu besuchen – die Tropfsteinhöhlen **Cerovačke špilja** (S. 103). Zwei Höhlen werden auf je 750 m Länge begangen, die Führung bietet im Sommer eine willkommene Abwechslung in kühlem Dunkel.

Über das vom letzten Krieg gebeutelte **Knin,** dessen weitläufige Burganlage hoch über der Stadt einen Spaziergang geradezu herausfordert, geht es durch die Krajina hindurch wieder Richtung Küste. Zerschossene Dörfer, verlassene Landstriche erinnern an die Kämpfe der 1990er Jahre.

Nationalpark Krka

Ein weiterer landschaftlicher Höhepunkt liegt auf dem Weg – Nationalpark Krka (S. 66). Die Krka ist kein langer Fluss, sie entspringt bei Knin, windet sich durch Schluchten und fällt über Kaskaden den Buchten bei Šibenik (S. 86) entgegen. Das verschwenderisch vorhandene Wasser hat eine üppige Flora geschaffen, ein breites, grünes Tal, das man durchwandern kann oder auf Ausflugsschiffen befahren. Am schönsten sind die Kaskaden beim Haupteingang 15 km vor Šibenik, wo man vor grandiosem Hintergrund baden darf.

Biokovo-Gebirge

Über Trogir und Split fährt man nun die Küste entlang bis zur Riviera von **Makarska** (S. 68). Der trubelige Badeort liegt vor einer fast senkrecht in die Höhe steigenden Felswand. Auf 1762 m steigt hier der Fels des **Biokovo-Gebirges** (S. 70) in mehreren Stufen an. Auf schmaler Teerstraße geht es hinauf in die baumlose Grenzregion zwischen Himmel und Erde. Steile Abgründe, schwindelerregende Spitzkehren und auch der Gegenverkehr halten den Adrenalin-Pegel hoch. Doch die Aussichten, ganz oben über die Küste und die Ebenen des Hinterlandes gleichzeitig, sind fantastisch, rasten kann man in Berghütten. Der Gipfel des Biokovo – Sv. Jure – lässt sich ersteigen, und wer nicht alleine unterwegs sein will, kann in Makarska ein- oder mehrtägige geführte Touren buchen, auf denen man allerlei Wissenswertes über Flora und Fauna erfährt. Am Ende lockt ein Bad im Meer.

Tour-Info

Autotour, ca. 480 km Länge, mind. 3 Tage.
Saison: Ideale Zeit ist der Frühsommer bzw. September; doch auch im Juli und August ist in den Bergen, abgesehen vom Plitvice-Nationalpark, nicht übermäßig viel los. Dank der Höhenlage sind auch die Temperaturen noch erträglich.
Winnetou in den Nationalparks: Karl-May-Fans reisen auf dieser Route von einem Déjà-vu zum nächsten. Der Schatz im Silbersee liegt in Plitvice begraben, Pierre Brice und Lex Barker tauchten ihre Paddel meist in die Krka und die Felswände des Paklenica-Nationalparks dienten in ›Unter Geiern‹ als Kulisse.

Tour 5

Erinnerung an frühere Macht: Das Zentrum der Handelsstadt Ragusa

Ragusas Handelsimperium

Von Dubrovnik nach Pelješac, Lopud und Šipan

Die Seerepublik Ragusa, das heutige Dubrovnik, beherrschte einstmals auch die Inseln und Städte in der Umgebung: Das bäuerliche Hinterland des Konavle war Ragusa ebenso untertan wie die Halbinsel Pelješac im Norden und die Inselkette dazwischen. Zwischen den Fronten der osmanischen Türken und der Venezianer schaffte man es immer wieder, die Unabhängigkeit zu wahren. Mit Geld und Bündnissen baute man eine prosperierende Republik auf, mit Handelskontoren im gesamten östlichen Mittelmeerraum. Handelsstädte und Festungsmauern sind Zeugnisse dieser Zeit. Die Route ist in mehrere Tagesetappen ab/bis Dubrovnik unterteilt und führt teils per Auto, teils per Schiff auf den Spuren Ragusas durch das südliche Dalmatien.

Von Dubrovnik nach Cavtat

Ausgangspunkt ist **Dubrovnik** (S. 46), unbestreitbar die Königin Dalmatiens mit ihren grauweißen, steinernen Mauern, deren Tore und Festungen nicht der venezianische Löwe, sondern das Wappen der freien Republik Ragusa schmückt. Nach Süden fahrend ist nach 20 km **Cavtat** (S. 44) und 5 km weiter **Čilipi** (S. 45) erreicht, wo die Jugend sonntags Folkloretänze zeigt. Die Straße führt an einem großen *polje,* einer fruchtbaren Karstsenke, entlang, in der Getreide, Gemüse und Obst produziert werden – wie schon zu Ragusas Zeiten, weshalb die Republik das Konavle-Tal auch als ›Vorratskammer‹ beanspruchte. Doch soll nun auf dem fast ebenen Gelände ein Golfplatz entstehen.

Pelješac

Auf gleichem Weg geht's zurück, an Dubrovnik vorbei und gen Norden auf der Küstenmagistrale nach **Pelješac** (S. 83), dem nördlichen Ende ragusanischen Territoriums. Begleitet wird man von der Kette der ›Elaphitischen Inseln‹, zu denen aber nur von Dubrovnik eine Fähre verkehrt. Unterwegs lohnt ein Stopp im Arboretum von **Trsteno;** der 500 Jahre alte Renaissancegarten ist ein kleines verwunschenes Paradies, das gerade mühevoll restauriert wird.

Bei **Ston** (S. 85) wird deutlich, wie vehement die Ratsherren Ragusas ihre Unabhängigkeit betrieben: Die größte Festungsanlage der Adria durchschneidet hier die Landenge zwischen Veliki und Mali Ston auf 5 km Länge und mit 41 Türmen gesichert. Leider hat ein Erdbeben sie ihres martialischen Aussehens etwas beraubt, doch kann man sich die Wut der Venezianer vorstellen, die nördlich davon auf Korčula saßen und einfach nicht weiter nach Süden vordringen konnten.

Beim Schlürfen der frischen, vor **Mali Ston** gezüchteten Austern kann man in einer der drei Konobas am Hafen über Handel und Seefahrt der mittelalterlichen Reiche nachdenken.

Auf die Elaphitischen Inseln

Dann geht's zurück nach Dubrovnik und am nächsten Morgen aufs Schiff zu den Elaphitischen Inseln.

Auf den drei großen Eilanden **Koločep, Lopud** und **Šipan** zeugen herrschaftliche Villen davon, dass ihr Schicksal auf Gedeih und Verderb mit dem Ragusas verbunden war: Im 16. Jh., als Ragusa seinem wirtschaftlichen Höhepunkt zustrebte, ließen wohlhabende Kaufleute dort ihre Ruhesitze bauen. Auf **Lopud** (S. 66), dem zweiten Haltepunkt der Fähre, gibt es aus dieser Zeit ein Franziskanerkloster, einen Rektorenpalast und den Sitz der Familie Đorđic – alles in Ruine gefallen und von Wein- und Efeuranken umgarnt. Bis zur nächsten Fähre, bevor es weitergeht nach Šipan, hat man zwei Stunden Zeit, das Örtchen zu erkunden.

Ganz wehrhaft zeigt sich **Suđurađ,** die erste Anlegestelle auf **Šipan** (S. 66): eine kleine Bucht, ein verschlafenes Dörfchen und mittendrin zwei von hohen Mauern umschlossene Burgen, die aussehen, als hätte hier jemand eine Filmkulisse vergessen – aber nein: Familie Skočibuha hat sich hier im 16. Jh. einen Traum erfüllt: In Ragusa hätte man ihnen derlei architektonische Exaltiertheit sicherlich nicht gestattet, aber auf der Insel weit draußen haben es die Ratsherren toleriert. Befestigt wurde sie auch: mit einer Wehrkirche auf einem Hügel im Weiler **Pakljena,** nordöstlich von Suđurađ, die bis heute ihren Kirchenraum in schöner Spätgotik erhalten hat.

Als es Ragusa dann nach dem Erdbeben von 1669 schlechter ging, erlebten die Elaphiten viele Überfälle von Piraten, doch mit dem Erstarken der Republik kehrte die Ordnung in den Archipel zurück, und die Bauern machten sich erneut an die Pflege ihrer Pflanzungen in dem großen Polje im Inselinneren. Heute liegen viele Felder verlassen, und Schlangen huschen vor den Füßen der Wanderer fort, die entlang der einzigen Inselstraße zum Hafen **Šipanska Luka** im Nordwesten der Insel laufen. Dort nimmt die Abendfähre die Ausflügler zurück nach Dubrovnik, in den Hafen der Mutterstadt Ragusa, die einst, von Osmanen und Venezianern bedrängt, einem Teil der Adria eine blühende Epoche bescherte.

Tour-Info

Auto-Tour, ca. 200 km Länge, eine ganztägige Schiffsfahrt, mind. 2 Tage Dauer.
Arboretum Trsteno: tgl. 8–15 Uhr, Eintritt 12 Kn, Auskunft unter Tel. 020/75 10 19.
Elaphiten-Fähre: Zwar werden viele Villen restauriert und das gastronomische und Hotelangebot vielfältiger, aber noch sind die Verbindungen nicht gerade häufig. Wochentags fahren die Schiffe 4 x tgl. (9.30, 14, 18.15 und 20 Uhr ab Dubrovnik und 10.35, 15.05, 17.15 und 21.05 von Suđurađ zurück); am Sonntag nur 2 x tgl. (9.30 und 18.30 ab Dubrovnik, 11.10 und 20.10 ab Šipanska Luka).
Genaue Fahrplaninfos unter www.jadrolinija.hr.

Register

Alle in diesem Buch enthaltenen Angaben wurden von den Autoren nach bestem Wissen erstellt und von ihnen und dem Verlag mit größtmöglicher Sorgfalt überprüft. Gleichwohl sind inhaltliche Fehler nicht vollständig auszuschließen. Ihre Korrekturhinweise und Anregungen greifen wir gern auf. Unsere Adresse: DuMont Reiseverlag, Postfach 101045, 50450 Köln, E-Mail: info@dumontreise.de, Internet: www.dumontreise.de

Fotonachweis
Titelbild: Die befestigte Altstadt von Dubrovnik
S. 1: Tanzende Kroaten in alter Tracht
S. 4/5: Verkehrslotsen in Zadar
S. 38/39: Primošten
S. 106/107: Segelboot vor Korčula

Rainer Hackenberg (Köln): S. 2/3, 18, 24, 28, 38/39, 43/43, 92/93, 104, 110
Ralf Freyer (Freiburg): 6/7, 8, 9, 12, 14, 30, 55, 56, 63, 65, 69, 76, 79, 84/85, 88, 98/99, 102/103, 112, 114, 116
Friedrich Köthe (München): 1, 22, 48/49, 67, 106/107, 108
Konrad Wothe / LOOK (München): Titel

Kartografie: © DuMont Reiseverlag, Köln

Grafisches Konzept: Groschwitz, Hamburg
Druck: Rasch, Bramsche
Buchbinderische Verarbeitung: Bramscher Buchbinder Betriebe

ISBN 3-7701-6419-9